KLEINER DRUCK DER GUTENBERG-GESELLSCHAFT · NR. 101

K/2

Claus W. Gerhardt

Beiträge zur Technikgeschichte des Buchwesens

Kleine Schriften

1969 – 1976

POLYGRAPH VERLAG · FRANKFURT AM MAIN

Mit zwei Original-Prägedrucken,
einer Offsetreproduktion und 52 Abbildungen.

Herausgegeben
in Verbindung mit der Gutenberg-Gesellschaft Mainz
von Eduard Born.

Dieses Buch entstand mit Unterstützung
folgender Firmen:

SATZ
Mergenthaler Linotype GmbH, Eschborn bei Frankfurt,
(belichtet auf Linotron 303 TC, Schrift Linotype-Sabon-Antiqua)

DRUCK UND EINBAND
Wiesbadener Graphische Betriebe GmbH, Wiesbaden

PAPIER
Feldmühle Aktiengesellschaft, Düsseldorf-Oberkassel
(Terraprint matt, geliefert durch die Schneider & Söhne KG, Kelkheim)

Gestaltung: Hermann Rapp, Kelkheim im Taunus
Herstellungsleitung: Hans Dieter Borniger, Wiesbaden

ISBN 3-87641-195-5

INHALTSVERZEICHNIS

VORWORT

Es ist mir eine besondere Freude, diesen Sammelband ›Kleiner Schriften‹ von Dr. Claus W. Gerhardt anläßlich seines 50. Geburtstags vorlegen und einleiten zu dürfen. Das Zustandekommen dieser Veröffentlichung ist zu gleichen Teilen dem Polygraph Verlag, Frankfurt am Main – dessen langjähriger Autor Dr. Gerhardt ist – und der finanziellen Förderung durch die Gutenberg-Gesellschaft in Mainz zu verdanken.

Dank gebührt ferner den Professoren Dr. Koppitz und Dr. Widmann für ihre Anregungen; Herrn Erich Langguth, Stadtarchivar in Wertheim am Main, für vielfältige Hilfen bei der Bauerkeller-Forschung; Herrn Henry Ferling in Darmstadt für die kostenlose Anfertigung der Offset-Reproduktionen des Bauerkeller-Stadtplanes von Versailles; der Druckerei GWH Offizin Darmstadt für die kostenlose Herstellung des vierseitigen Anhangs mit den Original-Prägedrucken.

Im Mittelpunkt des vorliegenden Bandes steht die erste Veröffentlichung des von Gerhardt bisher aus den Druckerei-Unternehmungen der Gebr. Bauerkeller (Wertheim/Main, Karlsruhe, Paris, Darmstadt 1833-1860) zusammengestellten und kommentierten Werksverzeichnisses. Es folgen vier Beiträge zur Gutenberg-Forschung und zwei Veröffentlichungen zum modernen Prägedruck.

Zur Einführung schrieb Gerhardt seine grundsätzlichen Gedanken über Standort und Aufgaben der ›Technikgeschichte des Buchwesens‹ nieder. Der Aufbau dieses neuen Fachgebietes geht auf eine Anregung des im vergangenen Jahres verstorbenen Direktors des Mainzer Instituts für Buchwesen Herrn Prof. Dr. H. Widmann zurück. Im engen Kontakt mit deutschen und ausländischen Fachkollegen hat Dr. Gerhardt die theoretischen Vorarbeiten mittlerweile abgeschlossen. Über die in seinem einführenden Beitrag aufgestellten Forderungen hinaus sollte m. E. vordringlich auch eine bibliographische Erfassung aller derjenigen einschlägigen Veröffentlichungen durchgeführt werden, welche nach Quellen gearbeitet und somit geeignet sind, für die Erforschung der Druckgeschichte in weiterem Sinne als Arbeitsmaterial zu dienen.

Dr. Dr. Eduard Born

Standort und Aufgaben der Technikgeschichte des Buchwesens

Der Begriff Buchwesen (in der DDR Buchkunde[1]) wird heute ziemlich einheitlich definiert. Man versteht darunter das gesamte Wissen vom Buch als eines Gegenstandes wie als eines Kommunikationsmediums. Der ganze Umfang dieses Gebietes wurde wohl erstmals in den 12 000 Artikeln des *Lexikon des gesamten Buchwesens* (1935–37[2]) aufgezeigt, kommt aber beispielsweise auch in der Vielfalt der Themen zum Ausdruck, die seit 1956 im *Archiv für Geschichte des Buchwesens*[3] erschienen sind. Der Arbeitskreis und die Forschungsstelle für Geschichte des Buchwesens an der Herzog August Bibliothek in Wolfenbüttel beschränken sich auf das *gedruckte* Buch und den deutschen Sprachraum[4]. Das in der Bundesrepublik Deutschland einzig an der Johannes Gutenberg-Universität Mainz bestehende »Fach Buchwesen . . . beschäftigt sich mit den Erscheinungen der schriftlichen und gedruckten Überlieferung vom Altertum bis zur Gegenwart sowie mit den kulturellen und gesellschaftlichen Aspekten des Buchs . . . Der behandelte Stoff folgt im allgemeinen dem geschichtlichen Ablauf«. Mit dieser programmatischen Formulierung aus dem Jahre 1969 hat Prof. Dr. HANS WIDMANN[5] deutlich zum Ausdruck gebracht, daß die wissenschaft-

1. Buchkunde: *Lexikon des Bibliothekswesens.* 2. neubearb. Aufl. Hrsg. von HORST KUNZE und GOTTHARD RÜCKL unter Mitarbeit von HANS RIEDEL und MARGIT WILLE. Bd. 1 Leipzig 1974, Sp. 339–341. – FRITZ FUNKE: *Buchkunde. Ein Überblick über die Geschichte des Buch- und Schriftwesens.* 2. verb. und erw. Aufl. Leipzig 1963, Vorwort zur 1. und 2. Aufl. – Buchwesen wird im *Lexikon des Bibliothekswesens* (Sp. 357 f.) als »allgemeinster Begriff für die Kulturgattung Buch in allen ihren Erscheinungsformen« definiert, wogegen ›Buchkunde‹ »die Wissenschaft vom Buchwesen« sei.
2. *Lexikon des gesamten Buchwesens.* Hrsg. von KARL LÖFFLER und JOACHIM KIRCHNER unter Mitwirkung von WILHELM OLBRICH. Bd. 1–3 Leipzig 1935–1937.
3. *Archiv für Geschichte des Buchwesens (AGB).* Hrsg. von der Historischen Kommission des Börsenvereins des Deutschen Buchhandels. 1 ff. Frankfurt am Main 1958 ff.
4. PAUL RAABE: *Was ist Geschichte des Buchwesens?* In: Börsenblatt für den Deutschen Buchhandel – Frankfurter Ausgabe – Nr. 38 vom 11. 5. 1976, B 319–330, hier B 322.
5. ›Studien-Information des ›Seminars für Buch-, Schrift- und Druckwesen‹ der Johannes Gutenberg-Universität Mainz vom Januar 1970, Bl. 1. Gleiche Formulierung auch 1974 in *Forschungsbericht Geschichte.* Hrsg. von der Pressestelle der Johannes Gutenberg-Universität (Leiterin: NICOLE GÜTH) in Verbindung mit Prof. Dr. HANS WIDMANN. Mainz 1974 (Forschungsberichte der Johannes Gutenberg-Universität. 2), 114 f. – Dr. phil. HANS WIDMANN, geb. 28. 3. 1908 in Urach, gest. 19. 12. 1975 in Mainz, Ord. Prof. an der Universität Mainz, Hon.-Prof. der Universität Tübingen, leitete 1968–1975 das Seminar für Buch-, Schrift- und Druckwesen, das 1973 in Institut für Buchwesen umbenannt wurde.

liche Disziplin Buchwesen innerhalb der gesamten Buchwissenschaft(en) den historischen Bereich in Forschung und Lehre vertritt und daß gegenwärtige Entwicklungen – als Zeitgeschichte verstanden – eingeschlossen sind. Gegenstand der Beschäftigung ist somit die Geschichte des Buchs unter den Gesichtspunkten seiner Herstellung (Produktion), Verbreitung (Distribution) und Wirkung (Rezeption)[6]. Der geistigen Herstellung des Buchs durch den Autor schließt sich die technisch-wirtschaftliche Produktion an, deren Bedeutung nach Umfang und Auswirkung (auch auf Distribution und Rezeption) seit der Erfindung des Buchdruckverfahrens ständig gestiegen ist. So steht die historische Beschäftigung mit den Problemen des Buchwesens einerseits unter geistesgeschichtlichem, andererseits unter technikgeschichtlichem Aspekt. (In Mainz treten als Spezialthemen hinzu: die Inkunabelnkunde sowie Einführungen in die Handschriftenkunde und in die Geschichte der Buchkunst vom Altertum bis zur Gegenwart[7].)

Neben den beiden bereits genannten Institutionen in Mainz und Wolfenbüttel sowie der bereits 1876 gegründeten Historischen Kommission des Börsenvereins des Deutschen Buchhandels bemühen sich gegenwärtig in Deutschland außerdem um die Erforschung der Geschichte des Buchwesens: die 1901 gegründete Gutenberg-Gesellschaft durch ihre Publikationen – das *Gutenberg-Jahrbuch* und die *Kleinen Schriften*; die 1972 von Prof. Dr. H. WIDMANN begründete und von ihm bis zu seinem Tode im Anton Hiersemann Verlag Stuttgart herausgegebene wissenschaftliche Reihe *Bibliothek des Buchwesens*, deren vierte Monographie noch in diesem Jahr vorgelegt werden soll; ferner einzelne, meist mit Literatur- oder Bibliothekswissenschaft verbundene Hochschulinstitute, sowie die Bibliothekar-Lehrinstitute. Man kann nur wünschen, daß diese aus den verschiedensten Quellen finanzierten Institutionen und Unternehmungen eines Tages zu einer Zusammenarbeit gelangen mögen. Auf diese Weise würden das vorhandene geistige Potential wie auch die materiellen Mittel gewiß am wirksamsten zum Nutzen des – durch die übereinstimmenden Bezeichnungen bekundeten – gemeinsamen Anliegens eingesetzt werden können.

Wenn eingangs festgestellt wurde, daß sich die wissenschaftliche Disziplin Buchwesen als Teil der »gesamten Buchwissenschaft(en)« versteht, so kann damit – ebenfalls

6. Diese Dreiteilung wurde zuerst von dem russischen Bibliographen NIKOLAJ MICHAJLOVIČ LISOVSKY (1854–1920) in seiner Definition der ›Buchwissenschaft‹ vorgenommen. Vgl. ABRAM IL'IČ BARSUK: *Voprosy obščej teorii Knigovedenija* (Fragen der allgemeinen Theorie der Buchwissenschaft). In: Kniga 12 (1971) S. 6, sowie MANFRED FUNKE: *Buchkunde und Buchwissenschaft.* Referat zum 20jährigen Bestehen des Instituts für Bibliothekswissenschaft und wissenschaftliche Information an der Humboldt-Universität, Berlin, im Nov. 1975 (maschinenschriftlich).

7. Paläographie ist eine eigene wissenschaftliche Disziplin. – Geschichte der Buchkunst wird vor allem an Hoch- und Fachhochschulen für Gestaltung betrieben.

für die Bundesrepublik Deutschland – leider noch immer nicht auf eine Realität Bezug genommen werden. Was beispielsweise die »Library Science« (= Bibliothekwissenschaft) in den USA[8] und die »Knigovedenie« (= Buchwissenschaft)[9] in der Sowjetunion und in anderen sozialistischen Staaten als seit langem anerkannte und an zahlreichen Hochschulen etablierte wissenschaftliche Disziplinen betreiben, ist bei uns noch nicht einmal in statu nascendi getreten. Die Diskussionen und Forderungen reichen von einer streng praxisbezogenen, *integrierenden Bibliothekswissenschaft* unter Einschluß der »Bibliotheks- und Buchgeschichte« (Kölner Kolloquium 1969[10]) über eine sehr umfassende *allgemeine Buchwissenschaft* (Wege zur Buchwissenschaft 1966[11]) bis zu einem interdisziplinär arbeitenden Universitätsinstitut für eine Wissenschaft *»vom Buch und Buchmarkt«* (WOLFGANG STRAUSS 1973[12]). Wenn auch die

8. HELMUT VOGT: *Library Science in den USA.* In: Bibliothekswissenschaft. Versuch einer Begriffsbestimmung in Referaten und Diskussionen bei dem Kölner Kolloquium. (27.–29. Oktober 1969). Hrsg. von WERNER KRIEG. Köln 1970, S. 36–46.
9. FRIEDHILDE KRAUSE: *Was ist Buchwissenschaft? Überlegungen in der Sowjetunion.* In: Marginalien (1975) Heft 59, S. 63–71, mit wertvollen Literaturangaben. – ROSEMARIE RICHHARDT: *Die Bibliothekswissenschaft in den östlichen Volksdemokratien.* In: (KRIEG): *Bibliothekswissenschaft,* S. 47–67.
10. KRIEG (Hrsg.): *Bibliothekswissenschaft.* Referenten waren außer den beiden bereits zitierten: Dr. MARTIN CREMER, Dr. SIEGFRIED JOOST, Dr. ROLF KLUTH, Prof. Dr. WERNER KRIEG, Dr. EBERHARD SAUPPE, Prof. Dr. WIELAND SCHMIDT. – Der Begriff Bibliothekswissenschaft wurde seit 1808 von MARTIN SCHRETTINGER (Versuch eines vollständigen Lehrbuchs der Bibliothekswissenschaft oder Anleitung zur vollständigen Geschäftsführung eines Bibliothekars, 1808–1829) benutzt. Vgl. HANS STRIEDL: *150 Jahre Münchener Aufstellungsschema.* In: Buch und Welt. Festschrift für Gustav Hofmann, zum 65. Geburtstag dargebracht. Wiesbaden 1965, S. 73 f. Aber wohl erst seit KARL DZIATZKO, der in den 1890er Jahren in Göttingen einen Lehrstuhl für ›Bibliothekshilfswissenschaften‹ innehatte, erweiterte sich der Inhalt von der reinen Bibliothekslehre in Richtung auf eine Buchwissenschaft. ADOLF V. HARNACK definierte 1921 das Arbeitsfeld als »Nationalökonomie des Geistes, angewandt auf das Buchwesen«. (ADOLF V. HARNACK: *Die Professur für Bibliothekswissenschaft in Preußen.* In: ADOLF V. HARNACK, Reden und Aufsätze N. F. 4, Gießen 1923, S. 218–223), wobei der wirtschaftliche Aspekt ebenso stark hervortrat, wie etwa bei WOLFGANG STRAUSS (vgl. Fußnote 12).
11. *Wege zur Buchwissenschaft.* Hrsg. von OTTO WENIG. Bonn 1966, (Bonner Beiträge. 14), insbesondere der Beitrag von HERBERT GRUNDMANN: *Von der Notwendigkeit und Möglichkeit einer allgemeinen Buchwissenschaft.* Ebd., S. 399–416. Hier weitere Literatur zum Stichwort Buchwissenschaft, sowie mehrere inhaltliche Gliederungsvorschläge (S. 409–415) und schließlich sein eigener, der die Buchwissenschaft als »Summe der Erkenntnisse vom Buch in geschichtlicher, technologischer, ästhetischer, soziologischer, ökonomischer und juristischer Hinsicht« charakterisiert. Wenn GRUNDMANN (S. 405) in »Materialvoraussetzungen, geistige Produktion, Buch und Zeitschriften als solche, Herstellung und Verbreitung durch Buchhandel und Bibliotheken, Leserkunde« gliedert, so folgt er damit in etwa der Dreiteilung LISOVSKYS (vgl. Fußnote 6).
12. WOLFGANG STRAUSS: *Buchmarkt-Forschung. Überlegungen zu einer wissenschaftlichen Disziplin.* In: Gutenberg-Jahrbuch 1973, S. 454–460, hier S. 459 f. STRAUSS möchte Volks- und Betriebswirt-

Problematik[13] dieser Diskussion zu weit über unser Thema hinausgreift, um hier näher darauf einzugehen, so ist doch zweierlei festzustellen: die vielfältigen Bemühungen werden getragen von der Erkenntnis der unüberschätzbaren und vielfältigen Bedeutung des Buchs in Vergangenheit, Gegenwart und Zukunft, und so hat in allen Überlegungen auch die Geschichte des Buchwesens ihren festen Platz.

Die Bedeutung des technikgeschichtlichen Aspekts der Buchgeschichte wurde seit dem Ende des 18. Jahrhunderts durch sehr eingehende und kenntnisreiche Behandlung solcher Themen in einschlägigen Veröffentlichungen hervorgehoben. Man denke beispielsweise an die englischsprachigen Handbücher von PHILIP LUCKOMBE und THOMAS C. HANSARD bis T. L. DE VINNE oder an die deutschsprachigen Monographien von KARL FALKENSTEIN, KARL FAULMANN, C. B. LORCK und A. VAN DER LINDE[14]. Im 20. Jahrhundert widmete sich die technikgeschichtliche Forschung zunächst vorwiegend Einzelproblemen. In größeren (im ganzen außerordentlich verdienstvollen) Werken, wie etwa dem *Handbuch der Bibliothekswissenschaft* oder G. A. E. BOGENGS *Geschichte der Buchdruckerkunst*[15], kommen diese

schaftslehre, Soziologie, Literaturwissenschaft, Publizistik, Pädagogik, Psychologie, Technik und Technologie herangezogen sehen. Kommunikations- und Informationswissenschaft wären zu ergänzen.

13. Weitere Literatur findet man bei KRIEG (Hrsg.): *Bibliothekswissenschaft* und GRUNDMANN: *Buchwissenschaft* in den Anmerkungen. Ferner seien genannt: GUSTAV SICHELSCHMIDT: *Die Autonomie der Buchwissenschaft.* In: Bertelsmann Briefe Heft 27 (1963) S. 2–4; – *Buchwissenschaft heute oder Ein permanenter Bezug zur Gegenwart.* Ein Interview mit HERBERT GÖPFERT. In: Börsenblatt für den Deutschen Buchhandel, Frankf. Ausg. 31 (1975) S. 346–349; – die Veröffentlichungen des inzwischen aufgelösten ›Wissenschaftlichen Arbeitskreises Buch‹ (im Verlag für Buchmarkt-Forschung, Hamburg). – In der Sowjetunion gab ABRAM IL'IČ BARSUK 1968 als Ergebnis der Diskussion der Jahre 1955–1964 folgende »Arbeitsstruktur« einer Buchwissenschaft an: Allgemeine Theorie der Buchwissenschaft; Geschichte der Schrift, des Buchdrucks, des Verlagswesens und der Buchverbreitung; Organisation, Ökonomie und Planung des Verlagswesens; Theorie und Praxis der Redaktionsarbeit; Theorie und Praxis der Buchgestaltung; Organisation, Ökonomie und Planung der Buchverbreitung; Statistik der Druckerzeugnisse und Probleme der Typologie . . .; Theorie und Praxis der Bibliotheksarbeit; Bibliophilie; Theorie und Praxis der Bibliographie. (Nach M. FUNKE: *Buchkunde,* S. 4).

14. Zu den Handbüchern vgl. PHILIP GASKELL, GILES BARBER, GEORGINA WARRILOW: *An Annotated List of Printer's Manuals to 1850.* In: Journal of the Printing Historical Society 4 (1968) S. 11–32 mit Addenda in 7 (1971) S. 66 f.; ferner das Literatur-Verzeichnis bei CLAUS W. GERHARDT: *Der Buchdruck. Geschichte der Druckverfahren* T. II. Stuttgart 1975 (Bibliothek des Buchwesens, hrsg. v. HANS WIDMANN. 2), S. 131–135.

15. *Handbuch der Bibliothekswissenschaft,* begr. von FRITZ MILKAU. 2. Aufl. hrsg. von GEORG LEYH. Bd. 1–3, 1.2. (Nebst) Register-Bd. Wiesbaden 1952–1965. (1. Aufl. 1931–1942). – GUSTAV ADOLF ERICH BOGENG: *Geschichte der Buchdruckerkunst.* Bd. 1.2. (G. A. E. BOGENG: *Buchkundliche Arbeiten.*) Bd. 6 (Geschichte der Buchdruckerkunst T. 1 und Bd. 4, T. 2). Hildesheim 1973 (Nachdruck der Ausg. Hellerau 1930).

Aspekte bei weitem zu kurz. Erst in letzter Zeit erkannte man ihre Bedeutung wieder, und zwar weltweit und in vollem Umfang. Neben bereits erschienenen Veröffentlichungen[16] sollen hier vor allem genannt werden: die Gründung und Aktivitäten der »Printing Historical Society«, London, (seit 1964) ebenso, wie die besonders auf technikgeschichtlichem Gebiet sehr weitgespannten Pläne der »Wolfenbütteler Forschungsstelle für Geschichte des Buchwesens« (seit 1976); die Einrichtung des Lehrauftrages »Buchwesen unter technikgeschichtlichem Aspekt« am Institut für Buchwesen der Universität Mainz (seit 1970)[17]; die Begründung und Planungen der wissenschaftlichen Reihe »Bibliothek des Buchwesens« (mit vier technikgeschichtlichen Monographien unter den acht ersten Bänden[18]); die Arbeiten des »Museum of History & Technology of the Graphic Arts« an der »Smithsonian Institution« in Washington, USA, und der buchwissenschaftlichen Universitätsinstitute in Moskau und Leningrad[19].

Die Technikgeschichte des Buchwesens sollte alle Bereiche der technisch-wirtschaftlichen Herstellung gedruckter Bücher und Periodica umfassen. Darüber hinaus scheint es – besonders zur Aufhellung wie zur Beurteilung der Vorgänge in der Frühdruckzeit – unerläßlich, zusätzlich sowohl die Forschungen zur abendländischen Buchgeschichte als auch diejenigen zum ostasiatischen Buchwesen, jeweils bis zum 15. Jahrhundert, zu beachten.

Daraus ergibt sich folgender vorläufiger Überblick:

1. Materielle Herstellung des abendländischen Buchs vor der Erfindung des Buchdruckverfahrens: Buchformen, Beschreibstoffe, Schreibwerkzeuge, Einbandtechniken.
2. Materielle Herstellung des gedruckten Buchs in Ostasien vor der Einführung des europäischen Buchdruckverfahrens: Buchformen, Bedruckstoffe, Blockdruck, Letterndruck, Bilderdruck, Einbandtechniken.

16. Zur Buchdrucktechnik sind die wichtigsten zusammengestellt bei GERHARDT: *Der Buchdruck*, S. 131–135.
17. Prof. WIDMANN hat die bisweilen geäußerte Ansicht, die Technikgeschichte des Buchwesens sei besser im einschlägigen Fachbereich einer Technischen Hochschule untergebracht, wiederholt zurückgewiesen. Geisteswissenschaftlicher und technikgeschichtlicher Aspekt des Buchwesens können zwar getrennt gesehen, müssen jedoch in engster Verbindung bearbeitet werden.
18. ›Geschichte der Druckverfahren‹ in der Reihe ›Bibliothek des Buchwesens‹ bei Hiersemann, Stuttgart. Teil I = C. W. GERHARDT: *Prägedruck und Siebdruck* (1974); Teil II = DERS.: *Der Buchdruck* (1975); Teil III = DERS. und OTTO M. LILIEN: *Der Tiefdruck und die kleineren Druckverfahren* (1977); Teil IV = DERS. und HANS-JÜRGEN IMIELA: *Stein- und Offsetdruck. Ergänzungen. Gesamtregister* (voraussichtlich 1978).
19. Vgl. KRAUSE: *Buchwissenschaft*, S. 63–71.

3. Geschichte der Bedruckstoffe, ihrer Herstellung und Verwendung.
4. Verfahren des Textdrucks von Büchern und Akzidenzen:
   a. Schrift- und Satzherstellung durch Blei-, Photo- und Computersatz.
   b. Buchdruck, Steindruck, Offsetdruck, Rakeltiefdruck, Flexodruck, Xerographie, Ink-Jet.
   c. Reproduktionstechnik (seit dem 19. Jahrhundert).
5. Techniken der gedruckten Buchausstattung (Illustrationen, Initialen, Vignetten, Schlußstücke, Ornamente, Signets, Exlibris):
   a. Blockdruck, Kupferdruck, Steindruck, Buchdruck-Klischees, Lichtdruck, Heliogravure, Rakeltiefdruck, Offsetdruck.
   b. Reproduktionstechnik (seit dem 19. Jahrhundert).
6. Techniken der Druckgraphik:
   Holz- und Metallschnitt, Holzstich, Kupferstich, Radierung und andere Tiefdrucktechniken, Lithographie, Prägedruck, Serigraphie.
7. Bucheinband-Verfahren:
   a. Fester Einband, Klebebindung, andere.
   b. Drucken, Prägen, Pressen.
8. Zeitschriften- und Zeitungsdruck seit dem 19. Jahrhundert.

Zur systematischen Bearbeitung und Betrachtung sollten die in den Anwendungsgebieten 4 bis 6 genannten Verfahren und Techniken zusätzlich in zusammenhängenden Gruppen gesehen werden:

A Geschichte der Druckverfahren von ihrer Erfindung bis zur Gegenwart.
B Geschichte der Schrift- und Satzherstellung.
C Geschichte des Illustrationsdrucks und der druckgraphischen Verfahren.
D Geschichte der Reproduktionstechnik.

Die Geschichte der Bedruckstoffe, ihrer Herstellung und Verwendung (3, oben) muß von vornherein selbständig behandelt werden, weil sie für alle übrigen Gruppen von Bedeutung ist. Beim Bucheinband (7, oben) rechtfertigt die weitgehende Übereinstimmung von Darstellung und Anwendung der Techniken eine eigene Gruppe. Ähnlich verhält es sich mit dem Zeitschriften- und Zeitungsdruck seit dem 19. Jahrhundert, der technisch zwar auf der historischen Entwicklung einzelner Druckverfahren (Buch-, Tief-, Offset-, Flexodruck) fußt, selbst aber vielfach entscheidend den weiteren technischen Fortschritt veranlaßt[20] und dabei auch – besonders in neuester Zeit – spezifische Entwicklungen hervorgebracht hat[21].

Es versteht sich von selbst, daß die Technikgeschichte des Buchwesens vor allem den geistesgeschichtlichen Aspekt dieser Disziplin ergänzt und daß sich beide Fachgebiete in jeder historischen Zeitstufe gegenseitig unlösbar durchdringen. Alle Phänomene der Herstellung und Verbreitung des Buchs werden erst in ihren jeweiligen kulturellen und sozialen Zusammenhängen sinnvoll und verständlich. Nur so gesehen können Ursachen und Auswirkungen einzelner Erfindungen und Entwicklungen überhaupt sichtbar gemacht werden[22]. Die Bedeutung technikgeschichtlicher Forschung für das Buchwesen in der Vergangenheit geht erneut aus dem detaillierten Katalog anstehender Forschungsaufgaben hervor, den PAUL RAABE vor kurzem aus Anlaß des hundertjährigen Bestehens der »Historischen Kommission des Börsenvereins« aufgestellt hat[23].

Bei der Bearbeitung der Zeitgeschichte – konkret: in der Beobachtung neuer Methoden der Produktion von Büchern und Periodica – erwachsen dem Technik-

20. So gehen beispielsweise die Konstruktionen der ersten Zylinder/Flachformbuchdruckmaschine und der ersten Rotationsbuchdruckmaschinen auf Anregung und Finanzierung durch Zeitungsverleger zurück. Vgl. zuletzt bei GERHARDT: *Der Buchdruck*, S. 107–110 und 114–116.

21. Beispielsweise die speziellen Zeitungsrotationsoffsetmaschinen für die Axel Springer Verlags AG in Kettwig. *Einweihung des Rhein-Ruhr-Druckzentrums – ein Stück Druckgeschichte.* In: Der Polygraph 26 (1973) S. 939–941.

22. Aus dem geistesgeschichtlichen Bereich vgl. etwa: »Die andere große Leistung Gutenbergs besteht in der Entwicklung des ersten arbeitsteiligen mechanischen Produktionssystems in der Geschichte . . .«. GERHARDT: *Der Buchdruck*, S. 56. – »Mit dem Buchdruck wurde das Vorbild aller modernen Produktionsverfahren geschaffen, jener technisch-rationellen Arbeit, die zur Grundlage unseres wirtschaftlichen Lebens geworden ist.« KONRAD FRIEDRICH BAUER: *Gutenberg und der Weg des Abendlandes.* Frankfurt am Main 1949 (Eltviller Druck. 4), S. 10 f. – »Marx und andere Frühsoziologen haben behauptet, daß in dieser industriellen Produktionsweise die Arbeit dem Arbeiter äußerlich werde, nicht zu seinem Wesen gehöre, daß sie seine Physis abrackere und seinen Geist ruiniere . . . Der soziologische Blick auf die Erzeugnisse des frühen Buchdrucks wird freilich unser Entzücken an dem hohen Kunststand industrieller Herstellung kaum durch den trüben Nebengedanken verstören können, daß die neue Technik den Geist der Drucker ruiniert habe.« HEINZ WINFRIED SABAIS: *Gutenberg und die Selbstentfremdung des Menschen.* In: Polygraph Jahrbuch 1968. 6. Folge. Frankfurt am Main 1967, S. 19. – Im Rahmen der Technikgeschichte denke man dabei nicht nur an die epochalen Erfindungen – wie beispielsweise diejenige Gutenbergs für den mechanischen Textdruck, Senefelders für den Bilderdruck, Mergenthalers für die Mechanisierung der Satzherstellung und so fort –, sondern an die Vielzahl kleinerer Entwicklungsstufen oder auch nur an Vorschläge, welche gar nicht oder erst Jahre später realisiert worden sind. Beispiel: LEONARDO DA VINCIS Entwurf einer völlig andersartigen Buchdruckpresse, entstanden um 1480: LEONARDO faßte konstruktiv durch eine mechanische Vorrichtung mehrere Handgriffe der Arbeit an der konventionellen Presse zu einem einzigen – dem Bengelzug – zusammen. Er erfüllte damit – wenigstens in der Idee – eine echte Aufgabe der Technik: Beschleunigung des Arbeitsablaufes bei gleichzeitiger Arbeitserleichterung für den Drucker. Vgl. hierzu GERHARDT: *Der Buchdruck*, S. 64 f., S. 72–74, Abb. 14–17.

23. RAABE: *Buchwesen*, B 322–330. – Zu ergänzen wäre die Auswertung von Quellen, wie beispielsweise die Amerbach-Korrespondenz, unter technikgeschichtlichem Aspekt. Allein eine Durchsicht der ersten Briefe in Bd. 1 erbrachte schon die bemerkenswerte Feststellung, daß die Tiegel an den Pressen von ADOLF RUSCH in Straßburg und JOHANN AMERBACH in Basel bereits 1481 nicht mehr aus Holz,

historiker des Buchs zwei besondere Aufgaben. Im Rahmen der Problematik um die Zukunft des Buchs fällt ihm der schwierigere Teil zu; denn er hat in bezug auf die Weiterentwicklung der Technik ein sehr weites Feld im Blick zu behalten und ist hinsichtlich der Einschätzung neuer Entwicklungen auf manche Hypothese angewiesen. (Buchmarkt-, Leser- und Fernsehforschung beispielsweise liefern da konkretere Informationen.) Zum zweiten sollte er – wo immer möglich – dazu beitragen, daß historische Fehlentwicklungen nicht aus Unkenntnis wiederholt werden[24], und er sollte solche Ansätze historischer Erfinder vorschlagen, die mit der modernen Technologie durchaus realisierbar und erfolgversprechend zu verwerten wären[25].

Schließlich versteht sich die Technikgeschichte des Buchwesens selbstverständlich auch als Teil der allgemeinen Geschichte der Technik im Rahmen der Wissenschafts- und Kulturgeschichte, fußt auf ihren Grundlagen[26], arbeitet mit deren Methoden und wertet einschlägige Veröffentlichungen aus[27].

sondern aus Metall bestanden. (GERHARDT: *Der Buchdruck*, S. 67 f.). – Wesentliche technikgeschichtliche Aufschlüsse ergeben sich auch aus Untersuchungen zur Fachsprache der Frühdruckzeit. (Vgl. den Beitrag *Technikgeschichtliche Bemerkungen zu den Schlußschriften zweier Mainzer Frühdrucke* in diesem Band, insbesondere die Zusammenstellung der einschlägigen Untersuchungen von HANS WIDMANN in Fußn. 2 und im Anhang.

24. So ist beispielsweise der im Initialendruck des Mainzer Psalters von 1457 realisierte Gedanke, einen Mehrfarbendruck in *einem* Druckvorgang durch getrennt gefärbte und dann ineinander gesteckte Druckplatten zu bewerkstelligen, später noch zweimal wiederholt worden. Und wiederum erwies sich dieses System – nach ersten, unter großen Schwierigkeiten erzielten Erfolgen – für die Alltagsarbeit im Mehrfarbendruck als ungeeignet. Vgl. Sir William Congreve's Verfahren von 1818/24 und Kieß & Gerlachs Maschine von 1905. Der Congrevedruck blieb auf die Herstellung besonders wertvoller Drucke beschränkt und verschwand um 1860 vollständig; Kieß & Gerlach stellten ihre Methode nach einigen Jahren auf den herkömmlichen Hintereinanderdruck der einzelnen Farben um. CLAUS W. GERHARDT: *Prägedruck und Siebdruck. Geschichte der Druckverfahren Teil I.* Stuttgart 1974 (Bibliothek des Buchwesens, herausgegeben von HANS WIDMANN. 2) S. 62–65 und 86f.

25. Vgl. die ›Typerevolving machines‹ (Typenumdrehungsmaschinen) in der ersten Hälfte des 19. Jahrhunderts in England (JAMES MORAN: *Printing Presses. History and Development from the Fifteenth Century to Modern Times.* London 1973, S. 185-209) und die moderne schwedische Buchproduktionsanlage ›Book-o-matic‹ (HELMUT MATHES: *Bücherproduktion in Jet-Geschwindigkeit.* In: Der Polygraph 28 (1975) S. 163 f.). Das übereinstimmende Prinzip besteht in der Anbringung von Druckformen bekannter Art auf der Außenseite eines großen Zylinders – im 19. Jahrhundert für eine ganze Zeitung, heute für ein ganzes Buch. Die Konstrukteure der 'Typerevolving machine' vermochten jedoch das Problem noch nicht zu lösen, die Druckform der Wölbung des Zylinders anzupassen.

26. FRIEDRICH KLEMM: *Technik - eine Geschichte ihrer Probleme.* Freiburg 1954 (Orbis academicus. Naturwiss. Abt. 5.). - DERS.: *Kurze Geschichte der Technik.* Freiburg 1961 (Herder Bücherei 106).

27. Wie etwa zur Geschichte der einschlägigen Technologien: Papierfabrikation, Maschinenbau, Druckfarbenchemie, Metallurgie, Photographie und andere.

Allein an der Johannes Gutenberg-Universität in Mainz gibt es derzeit einen Lehrstuhl speziell für Geschichte des Buchwesens. ALOIS RUPPEL hat dort den Grundstein gelegt; HANS WIDMANN errichtete darauf das systematische Wissenschaftsgebäude. Er ist es auch gewesen, der als erster den technikgeschichtlichen Aspekt bewußt und dezidiert einbezogen hat[28]. In Mainz befindet sich ferner das Gutenberg-Museum mit seinen umfangreichen Material- und Büchersammlungen zur Druckgeschichte. An der Fachhochschule der Stadt wurde kürzlich eine Professur für Buchkunst eingerichtet und mit HANS PETER WILBERG besetzt. So wäre m.E. auch Mainz der geeignete Ort, die Ergebnisse bestehender und neuer Aktivitäten in der Buchforschung zentral zu sammeln und in die Lehre umzusetzen. Rund 200 Studierende, davon mehr als 40 Hauptfächler, waren im WS 1976/77 für Buchwesen immatrikuliert. Als Bibliothekare, Antiquare, Verleger, Hochschul- oder Fachhochschullehrer könnten sie schon in absehbarer Zeit die Buchforschung verstärken helfen.

28. Seit WS 1976/77 hat Prof. Dr. HANS-JOACHIM KOPPITZ den Lehrstuhl inne.

Vorläufiges Werkverzeichnis und Material zu einer Genealogie der Gebrüder Bauerkeller aus Wertheim

Das hier vorgelegte Quellenmaterial habe ich ursprünglich für ein Kapitel meiner Dissertation zusammengetragen und später in dem einschlägigen Abschnitt der bei Hiersemann veröffentlichten Geschichte des Prägedrucks[1] darauf Bezug genommen. Dieser Sammelband bietet nun die erfreuliche Gelegenheit, das Material selbst einem größeren Kreis von Interessenten für das Leben und Wirken bedeutender Drucker wie auch den Benutzern meiner *Geschichte der Druckverfahren* zugänglich zu machen.

Über die technischen Einzelheiten der im allgemeinen wenig bekannten, aber zum Verständnis des Folgenden wesentlichen Druck- und Prägedruck-Verfahren möge sich der Leser im Abschnitt ›Technologie 1‹ des letzten Beitrages dieses Bandes unterrichten.

Die Bedeutung der Gebrüder BAUERKELLER für die Technikgeschichte des Druckwesens liegt vor allem in der Anwendung des Flächen-Prägedruckverfahrens (Abbildung 1) für die Herstellung von Stadtplänen (Abbildung 1), Landkarten (Abbildung 2), Ansichtskarten und Werbedrucken (Abbildung 3) zwischen 1836 und 1848. Aber auch die Methode der Verbindung von mehrfarbigem Buch- und Steindruck mit Farblosprägung unter Verwendung von Papiermaché (Abbildung 2) dürfte für die Geschichte des Landkartendrucks nicht ohne Interesse sein.

1
Ausgangssituation und Quellenlage

Das älteste Zeugnis zum Wirken der Gebrüder BAUERKELLER findet sich im *Wertheimer Intelligenz-Blatt* vom 22. November 1833, wo die drei Tage zuvor erfolgte Gründung einer »Buch- und Landchartendruckerei mit lithographischer Anstalt« angezeigt wird. In den großen Biographien (z.B. der *Allgemeinen Deutschen Biogra-*

1. CLAUS W. GERHARDT: *Die Anfänge des Prägedrucks.* (Phil. Diss.) Mainz 1970, S. 136–190. – DERS.: *Prägedruck und Siebdruck. Geschichte der Druckverfahren T. I* (Bibliothek des Buchwesens, hrsg. von HANS WIDMANN, Bd. 2) Stuttgart 1974, S. 88–104.

phie) erscheint der Name BAUERKELLER nicht[2]. Nur die *Hessischen Biographien* von 1934[3] erwähnen ihn in dem Abschnitt über den Buchhändler GUSTAV JONGHAUS (1807–1870)anläßlich der Gründung von »Bauerkellers Präganstalt Jonghaus & Venator« im Jahre 1844 in Darmstadt. JONGHAUS war Hofbuchhändler und RICHARD LUDWIG VENATOR Inhaber der Wittich'schen Hofbuchdruckerei in Darmstadt. Selbstverständlich wird die Firmengründung dann auch in BRÄUNINGS Monographie von 1936 über die L. C. Wittich'sche Hofdruckerei in Darmstadt behandelt[4]; in der *Großherzoglich Hessischen Zeitung* vom 28. Februar 1844 erschien dazu ein Aufsatz[5]. In den unter Anmerkung 37 aufgeführten Werken wird BAUERKELLER in Verbindung mit der Geomontographie genannt, ebenso in den folgenden Auflagen von PIERER (zum Beispiel 7. Aufl. 1888) und MEYER (6. Aufl. 1907) und in der vorausgehenden von BROCKHAUS (14. Aufl. 1895). Von den Fachbüchern über Buchdruck nennt KARL FAULMANN (vgl. Fußn. 24) BAUERKELLER in Verbindung mit dem Mehrfarbendruck (S. 598) und der Herausgabe von Landkarten in einer Kombination von Buch- und Steindruck (S. 741). Nähere Aufschlüsse über BAUERKELLERS Person und Tätigkeit gibt keine Eintragung.

In vielerlei Hinsicht ist KARL FALKENSTEINS *Geschichte der Buchdruckerkunst* von 1840 wichtig. Er berichtet über BAUERKELLER in Verbindung mit der Stereotypie (S. 366), mit dem Congrevedruck[6] (S. 370), dem Hochdruck – unter welchem er Hoch*prägung* versteht (S. 371), der Typometrie (S. 378) und der Ektypographie, das heißt der Blindenschrift in Farblosprägung (S. 382). Hierbei erwähnt er auch die Geomontagraphie [sic], »wodurch vielfarbige Relief-Karten mittels Stiches, der Lithographie und der Buchdruckerpresse hervorgebracht werden sollen«.

Zwei bekannte neuere Werke der Kartographie erwähnen BAUERKELLER mit einem kurzen Text von fataler Ähnlichkeit[7]. Außerdem schreiben *beide* Autoren Bauernkeller, das heißt in einer Form, die sonst ausschließlich in Wertheimer Archivalien vorkommt.

2. Z. B. J. C. POGGENDORF: *Biographisch-literarisches Handwörterbuch*. Leipzig 1863. – *Allgemeine Deutsche Biographie*. Leipzig 1875–1910.
3. *Hessische Biographien*. Bd. 3, Darmstadt 1934, S. 163.
4. HERMANN BRÄUNING: *Die L. C. Wittich'sche Hofdruckerei 1764–1934*. Darmstadt 1936, S. 155.
5. *Großherzoglich Hessische Zeitung*. Nr. 59, Darmstadt 28. Februar 1844, S. 291.
6. Sir WILLIAM CONGREVE (1772–1828) erfand auf der Suche nach einem fälschungssicheren Material für Banknoten und Wertpapiere eine bestimmte Technik des Flächen-Prägedrucks (vgl. GERHARDT: *Prägedruck und Siebdruck*, S. 62–65). Erzeugnisse in dieser Technik werden ›Congrevedrucke‹, eine Buchdruckzylinderpresse mit spezieller Vorrichtung wird ›Congrevemaschine‹ genannt.
7. RAYMOND LISTER: *How to identify old maps and globes*. London 1965, S. 126: »Bauernkeller, c. 1840. Maker of relief maps. Fr. (=french) M. (=maps) G. (=globes).« – WILHELM BONACKER: *Kartenmacher aller Länder und Zeiten*. Stuttgart 1966, S. 40: »Bauernkeller, um 1840, Paris, unbekannter Reliefkartograph und Globenmacher.«

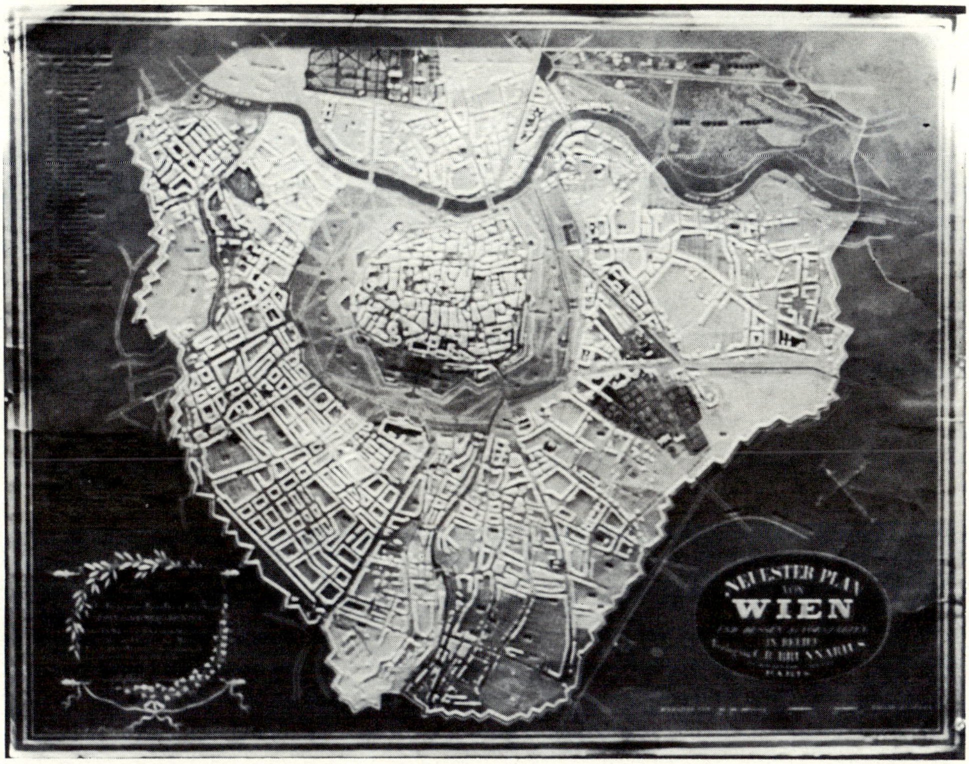

ABBILDUNG 1

Neuester Plan von Wien und dessen 34 Vorstädten in Relief, Farbendruck und Prägung von Bauerkeller & Cie. Paris 1840. Stadtplan in mehrfarbigem Flächen-Prägedruck, Format 695 × 560 mm (BW 17).

In der Bibliothèque Nationale Paris wird das einzige Buch aufbewahrt, das nach bisheriger Feststellung aus der Hand Georg Michael Bauerkellers kommt. Es ist die Beschreibung zu seiner Reliefkarte von Sewastopol: Stadt, Hafen, Befestigungen, Kriegssituation[8]. Die Bibliothèque Nationale bewahrt im ›Departement des Cartes et Plans‹ und im ›dépot légal‹ zahlreiche Originale Bauerkellerscher Karten und Pläne (siehe Abschnitt 2) sowie die Ausstellungskataloge der Pariser Industrie- und

8. *Livret du nouveau plan en relief de Sébastopol, de son port, de ses fortifications et des positions des armées alliées*, par Bauerkeller . . . et Charles Léger . . . Paris, impr. de Morris, 1855. In – 12,23 p./Lh.5 274.

Weltausstellungen auf. Weiteren Aufschluß über das Gedeihen des Pariser Unternehmens geben die Nachschlagewerke *Annuaire almanach du commerce* ab 1839[9].

Der *Catalogue of Printed Maps, Charts, and Plans* des British Museum London[10] führt elf Arbeiten BAUERKELLERS auf, die überprüft, erfaßt und in das Werkverzeichnis aufgenommen wurden.

In Wertheim bilden die Zeitungen und Archivalien die wichtigsten Quellen. Außerdem wurde recherchiert: in den Stadtarchiven von Darmstadt, Frankfurt am Main, Offenbach, Wien, Mannheim; in den Kirchenämtern Wertheim, Hanau, Mannheim, Karlsruhe, Wien; im Generallandesarchiv Karlsruhe; auf dem VI. Arrondissement alter beziehungsweise dem III. Arr. neuer Zählung in Paris. Nach Originalen von BAUERKELLER wurde außer in Hamburg und Wienhausen in weiteren 16 Sammlungen[11] geforscht. Im Gegensatz zu verschiedenen Literaturhinweisen[12] wurden bisher weder Globen noch Tapeten gefunden.

2
Vorläufiges Werkverzeichnis

Das nachstehend erstmals veröffentlichte Bauerkellersche Werkverzeichnis (BW) muß als vorläufig bezeichnet werden, weil einmal mit Sicherheit noch nicht sämtliche einschlägigen Arbeiten der vier Offizinen erfaßt sind und zum anderen bisher nur die Positionen 1 bis 32 sowie 52, 53, 55 und 58 persönlich untersucht werden konnten. Die Originale zu den Positionen 21 und 22 sind im letzten Krieg untergegangen. Die Angaben zu den Positionen 33 bis 62 stützen sich überwiegend auf ein Verzeichnis, das L. LAGARDE von der Bibliothèque Nationale Paris, Departement des Cartes et Plans, für mich anfertigte (datiert 25. 2. 1969). Es wurde verglichen mit einem von M. DAINVILLE, Paris, auf meine Bitte aufgestellten zweiten Verzeichnis der gleichen Objekte (datiert 27. 8. 1968 und ergänzt 19. 5. 1969). Die Zuschreibung an eine der Bauerkellerschen Offizinen ist für alle 62 Positionen einwandfrei gesichert. Für die Positionen 1 bis 32 sind die angegebenen Jahreszahlen zuverlässig; für 33 bis 62 geben

9. In der Ausgabe von 1839 erscheint der Name Bauerkeller (Bauerkeller & Cie.) zum erstenmal.
10. *Catalogue of Printed Maps, Charts and Plans*. The British Museum, Vol. 2, London 1967, Sp. 446.
11. Darmstadt: Hessisches Landesmuseum, Hessische Landes- und Hochschulbibliothek, Stadtmuseum, Schloßmuseum. – Frankfurt am Main: Postmuseum, Historisches Museum, Rothschild'sche Sammlungen. – St. Goar: Museum Schloß Rheinfels. – Kassel: Deutsches Tapetenmuseum. – London: The British Museum. – Mainz: Gutenberg-Museum. – Nürnberg: Germanisches Nationalmuseum. – Paris: Bibliothèque Nationale, Musée des Plans-Relief. – Zürich: Kunstgewerbemuseum.
12. Globen, z.B. bei LISTER und BONACKER (vgl. Anm. 7) und im Patent Nr. 5377 genannt, Tapeten, z.B. in der *Großherz. Hess. Zeitung* (vgl. Anm. 5).

ABBILDUNG 2

Cartes géographiques en relief de l'invention Bauerkeller Paris 1847. Werbeblatt für Landkarten und Stadtpläne in Relief mit der Landkarte von Sardinien (BW 52) *als Originalmuster. Landkarte in Mehrfarbendruck mit Farblosprägung und Papiermaché-Unterlage; alles übrige in einfarbigem Flächen-Prägedruck. Druckformat 270 × 220 mm* (BW 53).

sie jeweils das Jahr der Hinterlegung in der Bibliothèque Nationale an, das nicht immer mit dem Jahr der Erstausgabe identisch ist. Ebenso verhält es sich mit der Herstelltechnik: für 1 bis 32 sowie 52, 53, 55, 58, 59 habe ich sie selbst festgestellt; für die übrigen können sie – wenn überhaupt – nur aus Nebenbemerkungen (zum Beispiel ›1 feuille‹, ›carton en couleurs‹, ›papier gaufré‹), dem Musterblatt BW 53 (vgl. Abb. 2), Ort und Jahr der Herstellung oder aus Vergleichen mit Bezeichnungen auf den persönlich untersuchten Originalen erschlossen werden. Alle Signaturen zu 33 bis 62 entsprechen den Angaben von L. LAGARDE. Die Reihenfolge der Zählung schließlich folgt der Reihenfolge des Auffindens der Objekte.

ABBILDUNG 3
Gutenberg. Fust. Schoeffer. Inventeurs de l'imprimerie. Vermutlich hergestellt zum Gutenberg-Jahr 1840 von Bauerkeller. Zweifarbiger Flächen-Prägedruck mit separat geprägtem Goldbronzedruck der drei Köpfe. Druckformat 211 × 259 mm (BW 31).

Eine besondere Stellung innerhalb des Werkverzeichnisses nimmt das Werbeblatt aus dem Jahre 1847 ein (BW 53 – Abbildung 2). Zunächst ist es bisher die einzige Bauerkellersche Arbeit, zu welcher beide Herstellmethoden eingesetzt worden sind – die kombinierte Technik mit Papiermaché (für die abgebildete Original-Landkarte) und der Flächen-Prägedruck (für alles übrige). Ferner erschließt sich durch die Aufzählung von Druckerzeugnissen in zwei getrennten Kolumnen die Zugehörigkeit der genannten Titel zu den beiden Herstellmethoden: links zur Papiermaché-Technik, rechts zum Flächen-Prägedruck. Die letzte Zeile im Textblock rechts enthält die – sonst nirgendwo erwähnte – Mitteilung, daß BAUERKELLER auch ungeprägte (also nur gedruckte) Karten geliefert hat. Die beiden Worte links und rechts oben »Brevet d'invention« sagen aus, daß sich BAUERKELLER für *beide* Herstelltechniken auf sein französisches Patent Nr. 11840 vom 13. 7. 1840 stützte. Aus dem in Klammern hinter einige Titel gesetzten Vermerk »en comm.« (= in Kommission) erfährt man, daß die Firma – neben den von Plänen und Karten bekannten Vertretungen in London und Frankfurt am Main – auch mit Agenturen in Österreich, Rußland und den USA vertraglich verbunden gewesen sein muß. Die Textzeilen am Fuße des Blattes schließlich geben einen Einblick in die Überlegungen, welche BAUERKELLER zu seinen Erfindungen führten und den Verwendungszweck, der ihm vorschwebte. Für etwa drei Jahrzehnte hat er damit tatsächlich auch international Erfolg gehabt.

(Einen besonders reizvollen Stadtplan in Flächen-Prägedruck gibt die am Ende dieses Bandes eingeklebte Offsetreproduktion wieder.)

BAUERKELLER WERKVERZEICHNIS (BW)

BW 1:
Reliefkarte des Königreichs Württemberg etc.
Darmstadt 1847. (Nur deutscher Text.) Landkarte. Bearbeitet von A. Ravenstein. Mehrfarbiger Druck, Farblosprägung, Papiermaché. Format: 365 × 395 mm, Hochformat.
1. Hess. Landes- u. Hochschulbibliothek Darmstadt, Sign.M 4513/305.
2. Hess. Landes- u. Hochschulbibliothek Darmstadt, Sign.M 4513/306.

BW 2:
Die Schweiz und angrenzende Länder etc.
Paris 1842. (Deutscher und französischer Text.) Landkarte. Mehrfarbiger Druck, Farblosprägung, Papiermaché. Format: 667 × 494 mm, Querformat.
1. Hess. Landes- u. Hochschulbibliothek Darmstadt, Sign.L 3178/27.
2. British Museum London. Map Room, Sign. Maps 188 K 1.
3. Bibliothèque Nationale Paris. Dep. des Cartes et Plans, Sign.Ge.A. 216 et 217.

BW 3:
Deutschland und die Niederlande etc.
Darmstadt 1844. (Nur deutscher Text.) Landkarte. Mehrfarbiger Druck, Farblosprägung, Papiermaché. Format: 622 × 672 mm, Hochformat.
1. Hess. Landes- u. Hochschulbibliothek Darmstadt, Sign.M 44/16.
2. British Museum London. Map Room, Sign. Maps 187 g 1.
3. Bibliothèque Nationale Paris. Dep. des Cartes et Plans, Sign.Ge.A. 216 et 217.

BW 4:
Neuester Plan der Freyen Stadt Hamburg etc.
Paris 1841. (Nur deutscher Text.) Stadtplan. Mehrfarbiger Flächen-Prägedruck. Format: 566 × 440 mm, Querformat.
1. Hess. Landes- u. Hochschulbibliothek Darmstadt, Sign.M 4818/40.
2. British Museum London. Map Room, Sign. Maps 146 e.1.
3. Bibliothèque Nationale Paris. Dep. des Cartes et Plans, Sign. DL 136-41.

BW 5:
Post- und Routenkarte von Deutschland etc.,
Frankfurt am Main 1832. (Deutscher und französischer Text.) Landkarte. Mehrfarbiger Buch- und Steindruck. Entworfen von Georg Bauerkeller sen. Verlag J. P. Streng. Buch- und Steindruck von Streng und Schneider.
1. British Museum London. Map Room, Sign. Maps 2.aa.76.

BW 6:

Nouveau Plan de Paris etc.,
Paris 1839. (Nur französischer Text.) Stadtplan. Mehrfarbiger Flächen-Prägedruck. Format: 680 × 538 mm, Querformat.
1. British Museum London. Map Room, Sign. Maps 4.a.8.
2. Bibliothèque Nationale Paris. Dep. des Cartes et Plans, Sign.Ge.C. 3791.

BW 7:

Nouveau Plan de Paris etc.,
Paris 1840, wie BW 6. Stadtplan.
1. British Museum London. Map Room, Sign. Maps 16114.

BW 8:

Das Europäische Rußland etc.,
vermutlich Paris 1845. (Deutscher und französischer Text.) Landkarte. Mehrfarbiger Druck, Farblosprägung, Papiermaché. Format: 500 × 550 mm, Hochformat.
1. British Museum London. Map Room, Sign. Maps 188 f.1.
2. Bibliothèque Nationale Paris. Dep. des Cartes et Plans, Sign.Ge.A. 212 et 213.

BW 9:

Carte en Relief de l'Empire Ottoman etc.,
vermutlich Paris 1850. (Nur französischer Text.) Landkarte. Mehrfarbiger Druck, Farblosprägung, Papiermaché. Format: 600 × 550 mm, Hochformat.
1. British Museum London. Map Room, Sign. Maps 188 RK.3.
2. Bibliothèque Nationale Paris. Dep. des Cartes et Plans, Sign.Ge.A. 210 et 211.

BW 10:

Ausstellungsanzeige
zur Leipziger Frühjahrsmesse, 11. Mai 1835.
(Deutscher Text.) Werbedrucksache. Farblosprägung Schiller/Goethe-Porträt im Eichenlaubkranz und blauer Buchdruck des Textes. Doppelbogen Quart, nur 1. Seite bedruckt.
1. Historischer Verein, Wertheim/M.

BW 11:

St. Goarshausen, von St. Goar aus gesehen etc.,
Paris, vermutlich 1840/42. (Deutscher, engl. u. franz. Text.) Ansichtskarte. Dreifarbiger Flächen-Prägedruck, Innenfeld Irisdruck. Format 122 × 185 mm, Querformat.
1. Ursprünglich Museum Burgruine Schloß Rheinfels bei St. Goar; 1972 gestohlen.

BW 12:

Rheinfels und St. Goar etc.,
Paris, vermutlich 1840/42. Wie BW 11. Ansichtskarte.
1. Ursprünglich Museum Burgruine Schloß Rheinfels bei St. Goar; 1972 gestohlen.

BW 13:

Guttenberg in Mainz.
Ansichtskarte. Wahrscheinlich zum Gutenberg-Jahr 1840. Zweifarbiger Flächen-Prägedruck, Innenfeld Irisdruck. Format (beschnitten): 77 × 118 mm, Querformat.
1. Gutenberg-Museum Mainz, Gebrauchsgraphik 19. Jh.

BW 14:

Hotel d'Angleterre à Mayence,
wie BW 13.
1. Gutenberg-Museum Mainz, Gebrauchsgraphik 19. Jh.

BW 15:

Neuester Plan
der Freyen Stadt Frankfurt am Main, etc.
Paris, nach dem 13. April 1840. (Nur deutscher Text.) Stadtplan. Mehrfarbiger Flächen-Prägedruck und Buchdruck. Format: 561 × 433 mm, Querformat.
1. Stadtarchiv Frankfurt am Main.

BW 16:

Plan der Residenz Darmstadt etc.,
Darmstadt 1844. (Nur deutscher Text.) Stadtplan. Mehrfarbiger Flächen-Prägedruck und Buchdruck. Format: 520 × 555 mm, Querformat.

1. Stadtarchiv Darmstadt.
2. Hess. Landes- und Hochschulbibliothek Darmstadt, Kartenraum.
3. Mit Lederrahmen: Großherzogliche Vermögensverwaltung Darmstadt, Archiv.

BW 17:
Neuester Plan von Wien etc.,
Paris 1840. (Nur deutscher Text.) Stadtplan. Mehrfarbiger Flächen-Prägedruck und Buchdruck. Format: 560 × 695 mm, Querformat.
1. Museen der Stadt Wien, Inventar Nr. 19440/b.
2. Bibliothèque Nationale Paris. Dep. des Cartes et Plans, Sign.DL 190-40.

BW 18:
Bauerkeller's New Embossed Plan of London,
Paris 1841. (Nur englischer Text.) Stadtplan. Mehrfarbiger Flächen-Prägedruck und Buchdruck. Format: 660 × 1140 mm, Querformat.
1. Members Library of the Greater London Council, County Hall, London.
2. Hess. Landes- und Hochschulbibliothek Darmstadt, Sign.N 1982/10.
3. Bibliothèque Nationale Paris. Dep. des Cartes et Plans, Sign.Ge.B. 2191.

BW 19:
Bauerkeller's New Embossed Plan of London,
Paris 1842. Wie BW 18. Stadtplan.
1. Corporation of London, Guildhall Library.

BW 20:
Handatlas der Allgemeinen Erdkunde etc.,
Darmstadt 1846 und 1860. (Nur deutscher Text.) 3 der insgesamt 80 Blätter sind in mehrfarbigem Flächen-Prägedruck und Buchdruck hergestellt: Nr. 1 – 1845, Nr. 2 – 1846, Nr. 27 – 1845, zu den übrigen vgl. Fußn. 51 unten. Blattgröße 411 × 346 mm, Querformat.
1. (1860) Stadtmuseum Darmstadt, Nachlaß Ernst Wilhelm Müller.
2. Bibliothèque Nationale Paris. Dep. des Cartes et Plans, Sign.Ge.DD. 5300.

BW 21:
5 Tableaus nach Art der Reliefkarten,
Darmstadt 1845. Dazu CHRISTIAN FELIX ZELLER: *Erklärung der von Bauerkeller's Präganstalt Jonghaus & Venator in Darmstadt angefertigten Modelle der Haupt-Wässerungssysteme.* Darmstadt 1845. Größe des Behälters für die »Modelle«: 2 × 1 Fuß = ca. 600 × 300 mm.

BW 22:
Wiesenbewässerungs-Relief-Tableaus,
Darmstadt 1847. (Nach Art der Reliefkarten.) Dazu: CHRISTIAN FELIX ZELLER: *Erklärung der von Bauerkeller's Präganstalt Jonghaus & Venator in Darmstadt angefertigten Wiesenbewässerungs-Relief-Tableaus mit technischen Bemerkungen für die Praxis des Wiesenbaus.* Darmstadt 1847.

BW 23:
Reliefkarte des Großherzogtums ... Hessen etc.,
Darmstadt 1847. (Nur deutscher Text.) Landkarte. Bearbeitet von A. Ravenstein. Mehrfarbiger Druck, Farblosprägung, Papiermaché. Format 329 × 441 mm, Querformat.
1. Hess. Landes- und Hochschulbibliothek Darmstadt, Sign. 1378/50.
2. Archiv der Firma Ravenstein GmbH, Frankfurt am Main.

BW 24:
Embossed Plan of the City of New York,
Paris 1839. (Nur englischer Text.) Stadtplan. Mehrfarbiger Flächen-Prägedruck und Buchdruck. Format: 440 × 570 mm, Querformat.
1. New York Public Library, Map Room.
2. Bibliothèque Nationale Paris. Dep. des Cartes et Plans. Sign.DL. 79-39.

BW 25:
A collection
of fifteen photographic Relief Maps etc.,
Paris 1869. Keine näheren Angaben.
1. British Museum London, Map Room, Sign. Maps 49.e.28.

BW 26:
La France et la Belgique etc.,
Paris 1843. (Nur französischer Text.) Landkarte. Mehrfarbiger Druck, Farblosprägung, Papiermaché. Format: 610 × 655 mm, Hochformat.
1. Dr. Wittich, Darmstadt.
2. Marianne Hirzel (Tochter von 1), Tübingen.
3. Bibliothèque Nationale Paris. Dep. des Cartes et Plans, Sign.Ge.A. 218 et 219.
4. British Museum London, Map Room, Sign. Maps 186 h.1.

BW 27:
Neuester Plan
der Freyen Stadt Frankfurt am Main etc.
Paris, nach dem 1. Juni 1841. (Nur deutscher Text.) Stadtplan. Mehrfarbiger Flächen-Prägedruck und Buchdruck. Format: 560 × 432 mm, Querformat.
1. Frankfurter Historisches Museum, Sign. c 27.

BW 28:
Rhein-Panorama. Hülfskarte zum Relief etc.,
Paris 1842. (Nur deutscher Text.) Landkarte. Mehrfarbig gedruckt. Wahrscheinlich gehören diese 2 Karten zu einem massiven Relief, denn es heißt: »Topogr. plast. Ausarbeitung von A. Ravenstein.« Format: Karte I 950×150 mm, Querformat; Karte II 460×146 mm, Querformat.
1. British Museum London, Map Room, Sign. Maps 27065(38).
2. Bibliothèque Nationale Paris, Dep. des Cartes et Plans, Sign.Ge.F. 5305.

BW 29:
Environs de Paris en relief etc.,
Paris 1839. (Nur französischer Text.) Landkarte. Mehrfarbiger Flächen-Prägedruck und Buchdruck. Lt. FALKENSTEIN (vgl. Anm. 26, S. 382) sollen es 18 Farben sein. Format: nicht bekannt.
1. Bibliothèque Nationale Paris, Dep. des Cartes et Plans, Sign.DL. 42-39.

BW 30:
Briefkopf Stadt und Burg Wertheim,
Wertheim 1835. Steindruck. Signatur: Lith. Anstalt v. G. Bauerkeller. Keine weiteren Angaben.
1. Stadtarchiv Wertheim.

BW 31:
Einblattdruck Gutenberg/Fust/Schoeffer,
wahrscheinlich zum Gutenberg-Jahr 1840 gedruckt. Zweifarbiger Flächen-Prägedruck, nachträglich geprägter Goldbronzedruck. Druckformat: 211 × 259 mm.
1. Gutenberg-Museum Mainz, Sammlung Gustav Mori.

BW 32:
Reliefmodell von Wertheim,
datiert 1871. In Handarbeit von G. M. Bauerkeller hergestellt aus Holz, Pappe und Papiermaché. Größe des Modells: 48×68 cm.
1. Stadtmuseum Wertheim.

BW 33:
Système solaire et planétaire.
(s; l.n.d.) 1 feuille. Paris 1860. Herstelltechnik ungewiß.
1. Bibliothèque Nationale Paris, Dep. des Cartes et Plans, Sign.Ge.D. 12721.

BW 34:
Deutschland und die Niederlande
von Bauerkeller.
1 : 4 000 000 (s.d.) 1 plan en relief carton en couleurs. Bauerkeller Darmstadt 1844. Format: 340 × 290 mm. (Nicht identisch mit BW 3.) Herstelltechnik ungewiß.
1. Bibliothèque Nationale Paris, Dep. des Cartes et Plans, Sign.Ge.D. 11015 bis und Ge.A. 246 et 247.

BW 35:
Central-American, Mexico.
1 : 10 000 000, 1 feuille. Paris 1879. Herstelltechnik ungewiß.
1. Bibliothèque Nationale Paris, Dep. des Cartes et Plans, Sign.Ge.D. 11759.

BW 36:
Great Britain and Ireland by Bauerkeller.
1 : 2 000 000. 1 plan en relief carton en couleurs. London: Ackermann 1844. Vermutlich Papiermaché. Format: 600 × 550 mm.
1. Bibliothèque Nationale Paris, Dep. des Cartes et Plans, Sign.Ge.A. 214 et 215.

BW 37:
España y Portugal por Bauerkeller.
Escalda las distancias 1 : 5 000 000. Escalades las alturas 1 : 250 000. 1 plan en relief carton en couleurs. Madrid: Grasselli y Zambra 1874. Format: 460 × 580 mm.
1. Bibliothèque Nationale Paris, Dep. des Cartes et Plans, Sign.Ge.A. 220 et 221.

BW 38:
Les Etats Unis de l'Amérique du nord, par Bauerkeller (Les Antilles et l'Amérique centrale).
1 : 11 000 000. 1 plan en relief carton en couleurs. Paris: Bauerkeller 1847. Vermutlich Papiermaché. Format: 600 × 550 mm.
1. Bibliothèque Nationale Paris, Dep. des Cartes et Plans, Sign.Ge.A. 223 et 224.

BW 39:
L'Europe par Bauerkeller.
1 plan en relief carton en couleurs. Bauerkeller Paris 1842. Format: 580 × 460 mm. Vermutlich Papiermaché.
1. Bibliothèque Nationale Paris, Dep. des Cartes et Plans, Sign.Ge.A. 222.

BW 40:
Europa von Bauerkeller.
1 plan en relief carton en couleurs. Bauerkeller Paris 1844. Format 600 × 460 mm. Vermutlich Papiermaché.
1. Bibliothèque Nationale Paris, Dep. des Cartes et Plans, Sign.Ge.A. 230.

BW 41:
L'Europe.
1 : 10 000 000. 1 feuille. Paris 1842. Herstelltechnik ungewiß.
1. Bibliothèque Nationale Paris, Dep. des Cartes et Plans, Sign.Ge.D. 12120 et 12120A.

BW 42:
Europe.
1 : 10 000 000. 1 feuille. Paris 1843. Herstelltechnik ungewiß.
1. Bibliothèque Nationale Paris, Dep. des Cartes et Plans, Sign.Ge.D. 12119 bis.

BW 43:
Europe.
1 feuille. Paris 1863. Herstelltechnik ungewiß.
1. Bibliothèque Nationale Paris, Dep. des Cartes et Plans, Sign.Ge.F. 5142 et 5143.

BW 44:
L'Europe par Bauerkeller.
1 plan en relief carton en couleurs. Bauerkeller Paris 1844. Format: 600 × 460 mm. Vermutlich Papiermaché.
1. Bibliothèque Nationale Paris, Dep. des Cartes et Plans, Sign.Ge.A. 229.

BW 45:
Hydrographische Karte von Europa.
1 : 10 000 000. 1 feuille. Paris 1842. Herstelltechnik ungewiß.
1. Bibliothèque Nationale Paris, Dep. des Cartes et Plans, Sign.Ge.D. 12168.

BW 46:
La France et la Belgique par Bauerkeller.
1 : 4 000 000. 1 plan en relief en couleurs. Bauerkeller Paris 1843. Vermutlich Papiermaché. Format: 310 × 290 mm. Nicht identisch mit BW 26.
1. Bibliothèque Nationale Paris, Dep. des Cartes et Plans, Sign.Ge.A. 242 et 243.

BW 47:
La Terre, Album de la géographie physique.
In-4°. Paris 1864. Herstelltechnik ungewiß – vielleicht unterschiedlich – vgl. BW 20.
1. Bibliothèque Nationale Paris, Dep. des Cartes et Plans, Sign.Ge.DD. 5402.

BW 48:
Hemisphère de l'est par G. Bauerkeller.
1 plan en relief carton en couleur 650 mm de diametre. Hoock-Bauerkeller Paris 1857. Vermutlich Papiermaché.
1. Bibliothèque Nationale Paris, Dep. des Cartes et Plans, Sign.Ge.A. 255 et 256.

BW 49:
Noveau plan de Paris
en relief par le procédé de Géomontographie
Bauerkeller en couleur.
Echelle 1 : 11 000 env. 1 feuille en coul. Paris 1846. 660 × 525 mm sur papier gaufré (D.L.3,18407). Vermutlich Flächen-Prägedruck. Vermutlich neue Aufl. von BW 6, 1839.
1. Bibliothèque Nationale Paris, Dep. des Cartes et Plans, Sign.Ge.D. 16407.

BW 50:
Photographie géoplastique pour
le Stéréoscope tirée sur ses cartes géographiques en relief.
In-32. Paris 1863. Herstelltechnik ungewiß.
1. Bibliothèque Nationale Paris, Dep. des Cartes et Plans, Sign.Ge.F. 5301 et 2.

BW 51:
Ile de Ste-Hélène en relief.
1 plan en relief carton en couleurs. Bauerkeller Paris 1840. Vermutlich Flächen-Prägedruck. Format: 230 × 200 mm.
1. Bibliothèque Nationale Paris, Dep. des Cartes et Plans, Sign.Ge.A. 202.

BW 52:
Carta della Sardegna (par Bauerkeller).
1 plan en relief carton en couleurs. Bauerkeller Paris 1847. Format: 130 × 100 mm. Papiermaché.
1. Bibliothèque Nationale Paris, Dep. des Cartes et Plans, Sign.Ge.A. 238.

BW 53:
Werbeblatt: ›Cartes géographique en relief‹
mit der Karte von Sardinien (BW 52) als eingearbeitetem Originalmuster. Bauerkeller Paris 1847. Blattgröße: unbekannt. Druckformat: 220 × 270 mm. Format der Sardinienkarte: 130 × 100 mm. Sardinienkarte: Papiermaché. Alles übrige: Flächen-Prägedruck.
1. Bibliothèque Nationale Paris, Dep. des Cartes et Plans, Sign.Ge.A. 239.

BW 54:
Suisse.
1842. Wenn identisch mit BW 2, dann Papiermaché.
1. Bibliothèque Nationale Paris, Dep. des Cartes et Plans, Sign.DL 189-42.

BW 55:
Bâle.
1842. Flächen-Prägedruck.
1. Bibliothèque Nationale Paris, Dep. des Cartes et Plans, Sign.DL 190-42.
2. Sammlung Jan Tschichold.

BW 56:
France et Belgique.
1844. Ungeklärt, ob wie BW 26 oder BW 46.
1. Bibliothèque Nationale Paris, Dep. des Cartes et Plans, Sign.DL 2-44.

BW 57:
Turquie.
1850. Herstelltechnik ungewiß.
1. Bibliothèque Nationale Paris, Dep. des Cartes et Plans, Sign.DL 13-50.

BW 58:
Plan de Versailles en relief.
Bauerkeller & Cie. Paris 1840. Landkarte mit Schloß-Relief. Bedrucktes Format: 300 × 420 mm, Hochformat. Mehrfarbiger Flächen-Prägedruck und Buchdruck. (Vgl. die Offsetreproduktion im hinteren Buchdeckel.)
1. Bibliothèque Nationale Paris, Dep. des Cartes et Plans, Sign.DL 237-40.

BW 59:
Plan de Versailles en Relief.
1841. Vermutlich neue Aufl. von BW 58. Flächen-Prägedruck.
1. Bibliothèque Nationale Paris, Dep. des Cartes et Plans, Sign.DL 137-41.

BW 60:
Piano in rilièvo della cittá di Firenze.
1847. Flächen-Prägedruck oder Papiermaché.
1. Bibliothèque Nationale Paris, Dep. des Cartes et Plans, Sign.DL 21-47.

BW 61:
Montblanc (relief par Dubois).
1842. Vermutlich Papiermaché, da in BW 53, rechte Spalte, aufgeführt.
1. Bibliothèque Nationale Paris, Dep. des Cartes et Plans, Sign.Ge.A. 204.

BW 62:
St. Petersburg.
1842. Vermutlich Flächen-Prägedruck.
1. Bibliothèque Nationale Paris, Dep. des Cartes et Plans, Sign.DL 225-42.

3
Reliefkarten (Landkarten und Stadtpläne)

Nachdem ich beim Quellenstudium terminologische Schwierigkeiten mit den Landkarten hatte, befragte ich einige namhafte Fachleute der Kartographie. Sie stimmen alle mit Prof. Dr. EDUARD IMHOF darin überein, daß der Terminus Reliefkarte keinen Hinweis auf das drucktechnische Herstellverfahren enthält. IMHOF definiert folgendermaßen[13]: »Durch geschicktes Kombinieren von Höhenkurven, Schattentönen und luftperspektivisch abgestuften Höhenfarbtönen sucht man die ebene Papierfläche so anschaulich wie möglich uneben und naturähnlich erscheinen zu lassen ... In der Fachliteratur wird der Ausdruck ›Reliefkarte‹ oft für plastische Geländemodelle gebraucht. Dies sei erwähnt, um irrtümlichen Auslegungen vorzubeugen.« Diese ›Vorbeugung‹ ist sehr berechtigt, da die ältere Literatur, besonders die Nachschlagwerke, den Begriff Reliefkarte im Sinne von IMHOFS ›Geländemodellen‹ verstehen. Typisch dafür ist folgende Definition[14]: »Reliefkarten (besser Reliefs), plastische Nachbildungen von Teilen der Erdoberfläche ... (mißbräuchlich nennt man auch reliefartig gezeichnete Landkarten Reliefkarten)«. Da BAUERKELLER selbst – zumindest bis in die 50er Jahre hinein – plastisch geformte Karten als Reliefkarten

13. EDUARD IMHOF: *Gelände und Karte.* 3. Aufl. Erlenbach-Zürich, Stuttgart 1968, S. 99.
14. *Meyers Großes Konversations-Lexikon.* 6. Aufl. Bd. 16, Leipzig, Wien 1907, S. 782 f.

bezeichnete, da ferner die neuere Bedeutung offenbar aus der älteren hervorgegangen ist und da schließlich Bauerkellers Zeit behandelt wird, verstehen wir hier Reliefkarten prinzipiell im Sinne der älteren Definition, also als plastische Darstellungen.

Wie man sieht, gab es mit ›Reliefkarten‹ schon immer terminologische Schwierigkeiten. So wird zum Beispiel an vielen Stellen als älteste Reliefkarte »eine solche von PAUL DOX aus dem Anfang des 16. Jahrhunderts genannt«.[15] Nachdem FELDHAUS sogar als Entstehungsjahr 1510 angibt, habe ich erneute Nachforschungen angestellt. Vom Österreichischen Staatsarchiv Wien, in welchem sich die Handschrift mit der betreffenden Karte befindet, erhielt ich genaue Auskunft[16]. Daraus geht eindeutig hervor, daß die Reliefwirkung durch zeichnerische Mittel erreicht wurde. Zur Datierung befragte ich das Stadtamt Kufstein, das mir mit Schreiben vom 8. April 1968 mitteilte, die Darstellung der Festung auf der Zeichnung gebe einen Bauzustand wieder, der 1510 noch gar nicht bestand. EDUARD LIPPOTT nannte für die Entstehung der Zeichnung das Jahr 1552[17]. Schließlich stellte sich noch heraus, daß der Vorname PAUL nicht gesichert ist und der Nachname DAX und nicht DOX heißt, denn die Signierung des Originals lautet P-DAX.

Seit der zweiten Hälfte des 15. Jahrhunderts gab es von Holzschnitten gedruckte, etwa hundert Jahre später in Kupferstich hergestellte Landkarten und Pläne[18]. Leider ist jedoch »die Geschichte der Druckherstellung von Landkarten noch nicht geschrieben; die gelegentlichen Bemerkungen der Kartenhistoriker zu diesem Komplex entbehren der Sachkenntnis, sind oft unklar, unsicher und voller Widersprüche«[19].

15. *Ebd.* S. 783. – Ebenso in *Brockhaus' Konversations-Lexikon, Jub.-Ausg.* Bd. 13, Leipzig 1903, S. 762 f. – Ebenso in *Brockhaus' Konversations-Lexikon.* 14. Aufl. Bd. 13, Berlin, Wien 1895, S. 758. – Ebenso FRANZ MARIA FELDHAUS: *Die Technik der Vorzeit, der geschichtlichen Zeit und der Naturvölker.* 2. Aufl. München 1965, Sp. 552. FELDHAUS gibt das Jahr 1510 an und nennt PAUL DOX den Erfinder der Reliefkarte.

16. Österreichisches Staatsarchiv, Abt. Haus-, Hof- und Staatsarchiv, Wien, unter ›Zahl 6267/1968‹ am 29. Mai 1968 an mich: »Die Leitung des Haus-, Hof- und Staatsarchivs teilt in Beantwortung Ihrer Anfrage vom 2. 5. 1968 mit, daß sich die farbige Ansicht von Kufstein mit den Befestigungsanlagen, aus der Vogelschau gesehen, in der hiesigen Handschrift, Signatur weiß 231/9: MATHIAS BURGLEHNER: *Des tyrolischen Adlers dritter Teil/Dritte Abtheilung, Alte Städte des ganzen Landes (1619–1639)*, vor S. 885, gefaltet auf ca. 39½ × 26 cm vorfindet. Die Ansicht ist auf Papier, das auf grobem Leinen aufgezogen ist, in Federzeichnung, aquarelliert in den Farbtönungen braun, grün und blau, am unteren Rande in der Mitte bezeichnet mit: ›P-DAX‹ und hat die Maße 125 × 56 cm. Die Darstellung ist daher nicht in erhabener Prägung (Reliefprägung) wiedergegeben.«

17. EDUARD LIPPOTT: *Kufsteiner Chronik 788-1918.* In: Kufsteiner Buch. Bd. 2 (Schlern-Schriften Bd. 157), Innsbruck 1958.

18. FELDHAUS: *Technik* Sp. 552.

19. GERHARD PÖHLMANN, Karteningenieur, Berlin, und besonderer Kenner der Materie, in einem Brief an mich vom 22. 4. 1969.

Ein englisches Fachbuch vermerkte 1958: »Untill the middle of the 19th century all coloring of maps was still done by hand.«[20] (»Bis zur Mitte des 19. Jahrhunderts erfolgte die Farbgebung von Landkarten noch immer von Hand.«)

In der zweiten Hälfte des 18. Jahrhunderts begannen parallel zwei neue, etwas besser belegte Entwicklungen. Der Schweizer LUDWIG PFYFFER (1715–1802) baute in den Jahren 1766 bis 1785 ein 246 Quadratfuß großes Reliefmodell der Kantone Schwyz, Uri, Zug, Luzern, Unterwalden und einiger angrenzender Gebiete[21]. In Paris erweckte der Lackierer MARTIN 1740 die Papiermaché-Technik zu neuem Leben und rief damit zahlreiche neue Anwendungsmöglichkeiten hervor[22]. Wieder waren es die Schweizer, die durch J. R. MEYER von Aarau die ersten Reliefkarten aus diesem Material verfertigten. IMFELD und BECKER in Zürich führten diese Arbeiten fort.

In Basel versuchte WILHELM HAAS sen. (1741–1800), der schon um 1772 die erste eiserne Buchdruckpresse gebaut hatte, das Buchdruckverfahren zum Landkartendruck zu benutzen. Er soll 1776 in Karlsruhe zusammen mit dem dortigen Hofdiakon GOTTLIEB AUGUST PREUSCHEN Landkarten herausgegeben haben, die mit beweglichen Lettern hergestellt waren[23]. KARL FAULMANN teilt mit, HAAS habe bei diesen Versuchen »mit Thon und gekautem Papier nachgeholfen«[24]. Hierin ist ohne weiteres ein Hinweis auf Reliefs und Papiermaché zu sehen, jene Technik, die HAAS wohl von seinen Schweizer Zeitgenossen kannte. PREUSCHEN betreffend befinden sich im Generallandesarchiv Karlsruhe einige Faszikel, die seine Beschäftigung mit Kartographie bestätigen. Sie stammen aus den Jahren 1770 bis 1794 und enthalten überwiegend Gesuche an den Markgrafen von Baden um Geld für seine Versuche[25]. In der Anweisung vom 6. März 1783 werden ihm 400 Gulden bewilligt, um ihm die Möglichkeit zu geben, die Nutzbarkeit seiner ›Tipometrie‹ nachzuweisen[26]. J. RITSCHE VON HARTENBACH, der sich nach BREITKOPF in Leipzig und HAAS in Basel

20. *A History of Technology*, ed. by CHARLES SINGER and others. Vol. IV. Oxford 1958, S. 625.

21. *Brockhaus' Konversations-Lexikon*. 14. Aufl. Bd. 13, Berlin, Wien 1895, S. 758. – *Meyers Großes Konversations-Lexikon*. 6. Aufl. Bd. 16, Leipzig, Wien 1907, S. 783.

22. FELDHAUS: *Technik* Sp. 774.

23. CLAUS W. GERHARDT: *Der Buchdruck. Geschichte der Druckverfahren T. II.* (Bibliothek des Buchwesens, hrsg. von HANS WIDMANN, Bd. 3) Stuttgart 1975. Zu HAAS: S. 91 f; zu Landkartendruck: S. 100–102.

24. KARL FAULMANN: *Illustrirte Geschichte der Buchdruckerkunst*. Wien, Pest, Leipzig 1882, S. 515.

25. Generallandesarchiv Karlsruhe, Fasz.Nr. 206/2343-2344. – Im geheimen Staatsprotokoll vom 28. 10. 1782 heißt es, PREUSCHEN betreffend, unter anderem: »Übrigens seyen dem selben für die Erfindungen, die er gemacht, ein außerordentliches gratiale von 150 f. aus dem Fond der Künste und Wissenschaften zu schoepfen ...«

26. Generallandesarchiv Karlsruhe, Fasz.Nr. 206/2343. – Etymologisch besteht der Begriff Tipometria aus den beiden griech. Worten týpos = Schlag, Eindruck, und métron = Maß. Tipometrie (Typometrie) = maßstabgetreue, durch die Typographie hergestellte Landkarten. Vgl. AUGUST GOTTLIEB PREU-

ebenfalls mit der Herstellung von Landkarten in Buchdruck befaßte, hat in seinem Buch auch die Haas'schen Karten erwähnt und beschrieben[27]. Seine eigene Methode, die er ausführlich behandelt, bediente sich des Congreve'schen Plattensystems[28] und war im Erscheinungsjahr seines Lehrbuches (1840) bereits durch BAUERKELLERS Karten und Pläne weit überholt. In Leipzig beschäftigte sich JOHANN GOTTLIEB IMMANUEL BREITKOPF (1719–1794) mit diesem Problem[29]. HARTENBACH findet allerdings sogar diejenigen von BREITKOPFS Karten, welche dieser selbst als die »vorzüglichste« beschreibt, »recht unnatürlich und nicht besonders gut«[30]. FIRMIN DIDOT, der große Pariser Drucker, versuchte mehrfarbige Landkarten durch eine Verbindung von Buch- und Steindruck herzustellen und soll für diese Versuche in der Zeit von 1820 bis 1830 50 000 francs ausgegeben haben[31]. Der früheste bisher aufgefundene Beleg dieser Art von Karten stammt von BAUERKELLER und ist die ›Post- und Routenkarte‹ aus dem Jahre 1832[32].

Der Begriff ›Geomontographie‹ wurde von BAUERKELLER geprägt und am 18. Januar 1839 zusammen mit dem Antrag zum Patent Nr. 11830 eingereicht, jedoch nicht patentiert. Geomontographie setzt sich aus den griechischen Worten (hé)gé = die Erde, sowie graphía = Beschreibung und aus dem lateinischen mons = Berg zusammen, so daß sich etymologisch eine ›Erd-Berg-Beschreibung‹ ergäbe. Nachdem jedoch der Terminus Geographie als ›Erddarstellung, Erdbeschreibung‹ bereits seit 1521 eingebürgert war[33] und allgemein übereinstimmend auch so verstanden wurde,

SCHEN: *Grundrisse der typometrischen Geschichte.* Basel 1778; KARL FALKENSTEIN: *Geschichte der Buchdruckerkunst.* Leipzig 1840, S. 377–380. – Typometrie heute = typographisches Maß (›Punktsystem‹), zuerst von PIERRE SIMON vor 1750, dann von FRANÇOIS AMBROISE DIDOT entwickelt.

27. J. RITSCHE VON HARTENBACH: *Geographische Charten zugleich mit ihrem Colorit auf der Buchdrukkerpresse herzustellen.* Leipzig 1840. Ein ›typographischer Freund‹ habe sie vor ungefähr 30 Jahren (also 1810) in Basel gesehen. »Er fand an denselben nichts weiter, als daß sie aus lauter beweglichen Typen . . . bestand.« (S. 18).
28. Vgl. Anm. 6.
29. GERHARDT: *Buchdruck,* S. 100–102.
30. HARTENBACH: *Charten,* S. 19f.
31. FALKENSTEIN: *Geschichte,* S. 378: »Es ist hierüber nicht nur nichts bekannt geworden, sondern (es wurde) auch bei den Industrieausstellungen in Paris in den Jahren 1835 und 1839 nichts dergleichen gezeigt.«
32. BW 5. »Carte routière de l'Allemagne et des pays limitrophes. Post- und Routenkarte von Deutschland und den Hauptstraßen durch Europa. Entworfen und nach zuverlässigen Quellen bearbeitet von Georg Bauerkeller sen. Frankfurt am Main 1832 bey J. P. Streng. Buch- und Steindruck von Streng & Schneider.« Format 435 × 375 mm. Prov.: The British Museum, Map Room, Sign. Maps 2 aa 76. FALKENSTEIN S. 378 erwähnt diese Tatsache, spricht jedoch von mehreren Karten.
33. FRIEDRICH KLUGE: *Etymologisches Wörterbuch der deutschen Sprache.* 20. Aufl. bearb. von WALTHER MITZKA. Berlin 1967, S. 249.

wird BAUERKELLER seinen Terminus kaum von Grund auf neu entwickelt haben. Vielmehr kann angenommen werden, daß er von *Geographie* ausging und durch Einfügung von *mons* deutlich machen wollte, daß auf seiner ›neuen Art geographischer Karten‹ die Berge und somit – wenn auch unausgesprochen – auch die Vertiefungen der Erdoberfläche plastisch dargestellt würden. BAUERKELLER wünschte den Schutz des Begriffs ›Geomontographie Bauerkeller‹ mit der Begründung, die neue, im Patentantrag beschriebene Art von Landkarten »ahme auf geographischen Karten die Natur nach«[34]. Den von mir befragten Fachleuten und Hochschulinstituten ist der Begriff unbekannt[35]. Das *Große Duden-Lexikon*[36] vermerkt noch 1965, daß unter ›Geomontographie‹ die Herstellung geographischer Reliefkarten zu verstehen sei. Ältere Nachschlagwerke definieren den Begriff – sofern sie ihn überhaupt aufführen – als die »von Bauerkeller (*in Frankfurt*) gefundene Kunst der Darstellung in Relief geprägter oder mehrfarbig gedruckter Reliefkarten«[37].

In der Tat hat sich GEORG MICHAEL BAUERKELLER (GMB) zwischen 1831 und 1833 in Frankfurt aufgehalten. Die erste archivalische Nachricht über ihn (nach seiner Geburtsurkunde) belegt seine Anwesenheit in der Stadt für 1831 (wahrscheinlich den 4. März)[38]. Am 24. Juli des gleichen Jahres heiratete er in Hanau die Hanauer Bäckermeisterstochter JOHANNA (oder ANNA) ELISABETH HOOCK (B II Namenstafel), die ihm in Frankfurt 1832 und 1833 je eine Tochter gebar. Am 19. November 1833 gründete er in Wertheim mit seinem Bruder unter der Firma Gebrüder Bauerkeller eine ›Buch- und Landcharten-Druckerei, verbunden mit einer lithographischen Anstalt‹[39]. Dieser Vorgang ist zugleich der früheste Beleg für GEORG LEONHART BAUERKELLER (GLB) nach dessen Geburtsurkunde. Für GMBs Frankfurter Jahre

34. Bauerkeller & Cie., Paris, Titel des Patentantrages Nr. 11830 vom 18. 1. 1839.
35. TH Darmstadt, Geographisches Institut, 19. 6. 1968. – Institut Géographique Nationale, Paris, 11. 2. 1969. – Universität Mainz, Geographisches Institut, verweist auf GERHARD PÖHLMANN (Anm. 19), Berlin. Auskunft 22. 4. 1969: Geomontographie unbekannt. – Prof. Dr. EDUARD IMHOF (vgl. Anm. 13), Erlenbach-Zürich. Auskunft vom 24. 4. 1969: Geomontographie unbekannt. – Prof. Dr. Ing. W. BECK, Stuttgart, am 26. 9. 1969: »unbekannt«. – WILHELM BONACKER, Berlin, Brief vom 5. 5. 1969 überging meine Frage.
36. *Das Große Duden Lexikon*. Bd. 3. Mannheim 1965, S. 458.
37. Zum Beispiel als ältestes deutsches Zeugnis: FALKENSTEIN: *Geschichte*, S. 382. – Dann: *Pierer's Universal-Lexikon der Vergangenheit und Gegenwart*. 5. Aufl. Bd. 7, Altenburg 1853, S. 192. – *Otto Luegers Lexikon der gesamten Technik und ihrer Hilfswissenschaften*. Bd. 4, Stuttgart, Leipzig 1894, S. 574. Allerdings schreibt der Verfasser des betr. Abschnittes (THEODOR GOEBEL) ›Baumkeller‹ statt ›Bauerkeller‹. – *Brockhaus' Konservations-Lexikon*. *Jub.-Ausg.* B. 13, Leipzig 1903, S. 762.
38. Wertheim Stadtarchiv, Stadtrechnung 1830/31, S. 35.
39. *Wertheimer Intelligenz-Blatt*, Nr. 47, Wertheim 22. 11. 1833, S. 246 f. Hier und auch später noch einigemale treten beide Brüder gemeinsam auf.

gibt es folgende weitere Zeugnisse: Er wohnte 1833 in der Bleidenstraße Lit. G 10[40]; FALKENSTEIN zufolge gab er »im Jahre 1832 ... in Frankfurt am Main mehrere Karten (Landkarten) heraus, die durch den Buch- und Steindruck vereint ausgeführt waren ...«[41]; eine dieser Karten ist die ›Post- und Routenkarte von Deutschland ...‹ (BW 5), auf welcher vermerkt ist: »Entworfen und nach zuverlässigen Quellen bearbeitet von Georg Bauerkeller sen. ... bey J. P. Streng ... Buch- und Steindruck von Streng & Schneider«. [»FRIEDRICH REINHARD STRENG übernahm nach dem Tod seines Vaters (JOHANN PHILIPP STRENG) dessen Buchhandlung Ecke Buch- und Falkengasse Lit. J.185 und erhielt am 12. August 1830 Erlaubnis zur Einrichtung einer Buch- und Steindruckerei im gleichen Hause«[42].] Aus diesen Nachrichten erfahren wir, daß der gelernte Buchhändler GMB bei einem Buchhändler arbeitete, daß er sich für Landkarten interessierte, daß er erfolgreich Buch- und Steindruck für den Landkartendruck kombinierte (den Steindruck für die Wiedergabe der Zeichnung, den Buchdruck für den Druck der Texte) und daß er selbst zeichnen konnte.

Unter den zahlreichen Verlagsbuchhändlern, Druckern sowie Stahl- und Kupferstechern, die sich in jenen Jahren in Frankfurt am Main mit Herstellung und Vertrieb von Landkarten und Stadtplänen befaßten, befand sich auch AUGUST RAVENSTEIN (1809–1881). Es darf vermutet werden, daß sich beide Männer schon während GMBs Frankfurter Aufenthalt kennengelernt haben, zumal RAVENSTEIN, der selbst zeichnete, modellierte und in Kupfer stach, sich bereits damals mit ›plastischen‹ Karten befaßt hat[43]. Die erste Auflage seines ›Plastischen Schulatlas‹ (1839) umfaßte sieben Karten aller Erdteile, die jeweils 19 × 23,8 cm groß und in Farblosprägung mit nachträglicher Handkolorierung hergestellt waren. RAVENSTEIN hatte bei CARL JÜGEL gelernt und am 1. Juli 1830 seinen eigenen Verlag gegründet, welcher noch heute besteht[44]. Die spätere Zusammenarbeit zwischen RAVENSTEIN und GMB ist durch die Karten von 1842 (BW 28) und 1847 (BW 1 und BW 23) erwiesen.

40. Brief Stadtarchiv Frankfurt am Main vom 28. 6. 1969 an mich.

41. FALKENSTEIN: *Geschichte*, S. 378.

42. Brief Stadtarchiv Frankfurt am Main vom 2. 5. 1969 an mich. FRIED. LÜBBECKE: *Fünfhundert Jahre Buch und Druck in Frankfurt am Main.* Frankfurt am Main 1948, S. 115 f. (Delkeskamps Reliefkarten sind reliefartig wirkende Stiche.)

43. *Plastischer Schulatlas, enthaltend die Karten von Europa, Asien, Afrika, Nordamerika, Südamerika, Australien und Deutschland.* 1. Aufl. Frankfurt am Main 1833 (Senckenberg Bibl.).

44. *Denkschrift zum hundertjährigen Bestehen der Geographischen Verlagsanstalt und Druckerei Ludwig Ravenstein AG, Frankfurt am Main 1830–1930.* Frankfurt am Main 1930.

4
Verwendung von Papiermaché

Die früheste bisher bekanntgewordene Landkarte, die GMB nicht in Flächen-Prägedruck, sondern nach seiner neuen kombinierten Methode hergestellt hat, ist die Karte der Schweiz und angrenzender Länder aus dem Jahre 1842 (BW 2). Bereits im folgenden Jahr gab er die große Karte ›La France et la Belgique‹ heraus (BW 26). Sieben der ersten 32 Positionen des vorläufigen Werksverzeichnisses sind mit Sicherheit nach dieser neuen Methode hergestellt; für den größeren Teil der verbleibenden Nummern darf man es vermuten. Die Abmessungen der sieben untersuchten Karten sind zwar unterschiedlich (33 × 44 cm bis 62 × 67 cm), liegen aber in engeren Grenzen als diejenigen der durchschnittlich kleineren Prägedrucke. Das wird seinen Grund in den hohen Kosten für die Platten gehabt haben.

BAUERKELLER mag auf zwei Wegen zu seiner Papiermaché-Technik gekommen sein. Erstens wäre eine direkte Begegnung mit diesem Stoff denkbar, aus dem zu Beginn des 19. Jahrhunderts zahlreiche Gegenstände hergestellt wurden (beispielsweise Dosen, Puppenköpfe, Büsten, Masken, Decken- und Wandstukkos, Schnupftabaksdosen, Teller, Globen, Schachteln und anderes[45]). Der Lackierer MARTIN in Paris hatte diese Entwicklung bereits um 1740 eingeleitet[46]. Zweitens könnte BAUERKELLER über eine Kombination seiner Erfahrungen mit dem Prägen und mit der Stereotypie dazu gefunden haben[47]. JEAN-BAPTISTE GENOUX in Lyon erhielt 1829 ein Patent auf die von ihm erfundene Papierstereotypie. Der Erfindung zufolge werden mehrere Bogen Seidenpapier und zwei Kartons mit einem Kleister aus Kreide und Weizenstärke verklebt und – noch feucht – auf den Schriftsatz geklopft oder gebürstet[48]. Bei der Stereotypie müssen die rückseitig entstehenden Vertiefungen anschließend ausgefüllt werden (z. B. mit Matrizenpulver), um wieder eine plane Rückseite zu erhalten; bei einer so oder ähnlich hergestellten Reliefkarte wäre das nicht nötig.

Keines der französischen Patente BAUERKELLERS beschreibt seine Methode der Herstellung von Reliefkarten mit Hilfe von Papiermaché. Eine anhand der Reliefkarte des Großherzogtums und Kurfürstentums Hessen (BW 23) von mir angestellte gründliche Untersuchung ergab folgendes Resultat: Die mehrfarbig auf Papier gedruckte Landkarte wurde mit einer maßstäblich sowie seitenverkehrt und vertieft

45. ADA K. LEASK: *Papier mâché its use as raised paper stucco.* In: Papermaker. 32 (1963) Nr. 2, S. 37–45.
46. FELDHAUS: *Technik* Sp. 774.
47. FALKENSTEIN berichtete 1840, Bauerkeller in Paris habe sich um die Vereinfachung der Stereotypie große Verdienste erworben (FALKENSTEIN: *Geschichte,* S. 366).
48. GERHARDT: *Buchdruck,* S. 122f.

ausgearbeiteten Platte farblos geprägt. Zur Versteifung und Erhaltung der beim Prägen erzielten Originalhöhen (BAUERKELLER nennt im Impressum der Karten häufig auch die »echelle vertical«) diente eine rückseitig angebrachte dünne Schicht Papiermaché (»pâte à papier«[49]). Die Verformung bedingte sowohl Feuchtigkeit als auch eine feste Matrize. BAUERKELLER selbst gab für Patrize und Matrize Platten aus Kupfer, Blei oder Holz an[50]. Das fertige Blatt wurde auf Pappe aufgezogen, gerahmt und in einen festen Schuber verpackt (vgl. die Überschrift der linken Kolumne auf Abbildung 2). In Darmstadt sind – beispielsweise für die untersuchte Karte – die Originalschuber noch erhalten. Dennoch sind die Darmstädter Exemplare leider durchweg sehr stark bräunlich verfärbt, so daß man die Farbigkeit der Originale nur noch ahnen kann. Wahrscheinlich trägt der von BAUERKELLER verwendete Lack daran Schuld (vgl. das Wort ›vernis‹ in der Überschrift der linken Kolumne auf Abbildung 2).

Nach der Jahrhundertmitte ging der Verkauf Bauerkellerscher Reliefkarten offenbar allmählich zurück. Man muß dies aus dem Umstand schließen, daß Neuausgaben in immer größeren Zeitabständen erschienen und schließlich in den siebziger Jahren gänzlich ausblieben, wie auch aus einer Stelle im Vorwort des Handatlas, von 1860 (BW 20): als »die Erfahrung, daß der in den Vordergrund gestellte Zweck möglichster Anschaulichkeit und geschmackvoller Nettigkeit der Darstellung sich auf lithographischem Wege erreichen lasse, vollkommen feststand, wurde das typographische Verfahren gänzlich verlassen«[51]. BAUERKELLER hatte sich inzwischen einer lukrativeren Produktion zugewandt, deren Herstellung Gegenstand aller seiner Patente seit

49. Franz. Patent 5377, erteilt 15. 6. 1847.

50. Franz. Patent 4164, Teil 1 erteilt 28. 12. 1846. – Verzeichnis des dépot légal der Bibl. Nat. Paris.

51. Die Herstellung der 80 Blätter des Altas' dauerte von 1845 bis 1860. 3 Blätter wurden in Flächen-Prägedruck hergestellt (BW 20), weitere Blätter bis 1850 in Buchdruck (z.B. Nr. 1, 2, 9, 10 u.a.). Bei vielen späteren ist das Kartenbild in mehrfarbigem Steindruck, die Texte in schwarzem Buchdruck ausgeführt (z.B. Nr. 5, 6, 17 u.a.). Verschiedene Blätter wurden vollständig in Steindruck hergestellt (z.B. Nr. 3, 12, 13 u.a.).

52. Nur das erste Patent (Nr. 11830, erteilt 13. 7. 1840) bezog sich auf Reliefkarten. – ›Papyrophanie‹ (Patent 5377, erteilt 15. 6. 1847) ist ein Mischwort aus *Papyrographie* und *Lithophanie*. *Papyrographie* nannte Senefelder die Lithographie mittels Papier statt des Steines (Senefelders franz. Patent 1014 vom 22.2.1819, vgl. FELDHAUS: *Technik* S. 631). *Lithophanien* sind Fenster- oder Lampenbilder aus ungleich dickem, unglasiertem Porzellan. Sie wurden 1827 von Bourgoing in Paris erfunden (vgl. FELDHAUS: *ebd.*) – BAUERKELLER beschreibt in seinem Patent Nr. 5377 ein Verfahren, Lithophanien besser, billiger und unzerbrechlich (!) herzustellen, und zwar mittels Papier und Papiermaché: er preßte das noch feuchte Material ornamental oder figural, farbig oder farblos an manchen Stellen dünner. Das Resultat waren die ›âbat-jours‹. (Lampenschirme), welche noch bis 1930 von der Firma Hoock frères produziert wurden. Vgl. SEBASTIAN BOTTIN: *Annuaire Almanach du Commerce*. Paris 1930, S. 1668.

53. *Exposition universelle de 1855. Rapports du jury mixte international*. Bd. 1, Paris 1856, S. 436 (Übers. des Verf.).

1844 war: den Licht- und Lampenschirmen nach der von ihm erfundenen Methode der ›Papyrophanie‹[52]. Trotzdem stellt noch 1855 die internationale Jury der Pariser Weltausstellung fest: »Herr Bauerkeller hat auf allen nationalen Ausstellungen, die seit 1839 stattfanden, den verdienten Beifall aller Jurys erhalten; alle Welt kennt seine Leistungen auf dem Gebiet der Typographie und die Ausstrahlung seiner mechanischen Verfahren zur Herstellung von Reliefs, die er nach Frankreich eingeführt und hier voll entwickelt hat. Herr Bauerkeller stellt heute eine große Zahl von Reliefs vor, welche aus einer bestimmten Art von Papiermaché bestehen, welche deshalb leicht und preiswert sind und die er farbig, durch Prägung der Landkarten auf mechanischem Wege, liefert. Herrn Bauerkeller wurde eine Broncemedaille verliehen.«[53].

5
Namentafel Bauerkeller

Zur Genealogie der Familien Bauerkeller und Hoock
wurde bisher folgendes recherchiert:

(Lt. Tauf- und Totenbüchern der ev. Kirche Wertheim am Main:)

A I. GEORG PHILIPP BAUERNKELLER
Büttner und fürstlicher Kellermeister
* 26. März 1770 in Wertheim
† 7. Februar 1828 in Wertheim

II. ANNA DOROTHEA HELLER
(1. Ehefrau von I.)
* 4. Januar 1767 in Wertheim
† 8. Februar 1803 in Wertheim

Kinder:
1. ein totgeborener Sohn
2. MAGDALENA SUSANNA, * 3. Juni 1799
3. DOROTHEA ELISABETHA, * 12. April 1801
4. DOROTHEA SOPHIA,* 25. Januar 1803, † 11. Februar 1803

III. ANNA ELISABETHA GROSSMANN
(2. Ehefrau von I.)
* 8. Juni 1776 in Wertheim
† 10. November 1807 in Wertheim

Kinder:
5. GEORG MICHAEL, * 4. Januar 1805 (siehe B)
6. JOHANNA MARIA, * 21. Januar, † 14. April 1807.

IV. SOPHIA CATHARINA KLEIN
(3. Ehefrau von I.)
* ?
† 26. November 1835 in Wertheim

Kinder:
7. GEORG LEONHART, * 22. Oktober 1809 (siehe C)

B I. GEORG MICHAEL BAUERKELLER
* 4. Januar 1805 in Wertheim (Wertheim, ev. Pfarramt I, Taufbuch 1805, I 4.)

† 1. März 1886 in Paris (Abschrift der Sterbeurkunde vom 1. März 1886, 3. Arr. Paris, 17. Oktober 1969)
⚭ 24. Juli 1831 in Hanau
(lt. Traubuch Wertheim 1831) mit

ANNA ELISABETHA HOOCK
* 19. November 1801 in Hanau
† 22. Januar 1874 in Paris
(beglaub. Auszug aus dem Beerdigungsbuch der Marienkirche zu Hanau vom 28. März 1969)

Kinder:

1. SOPHIE CATHARINA ELISABETHA
* 22. Juni 1832 in Frankfurt am Main
⚭ 7. April 1853 in Paris
(beides siehe beglaubigte Fotokopie der Heiratsurkunde, 6. Arr. Paris, 28. Februar 1969)
mit FRÉDÉRIC JAQUES HOOCK
* 21. Juni 1819 in Hanau
(beglaubigte Abschrift aus dem Taufbuch Marienkirche Hanau v. 28. März 1969 [1819, S. 393, Nr. 75])
† 3. Dezember 1898 in Paris
(beglaubigte Abschrift der Sterbeurkunde, 3. Arr. Paris, 16. Juli 1969)

2. EMMA ANNA ELISABETHA
* 5. Juli 1833 in Frankfurt am Main
⚭ 3. Juni 1852 in Paris
(beides siehe beglaubigte Fotokopie der Heiratsurkunde, 6. Arr. Paris, 28. Februar 1969)
mit CHARLES JACQUES VALENTIN HOOCK
* 29. März 1821 in Hanau
(beglaubigte Abschrift Taufbuch Marienkirche Hanau vom 28. März 1969 [1821, S. 446, Nr. 36])
† ?

3. GEORG LEOPOLD CARL
* 5. September 1834 in Wertheim
† 21. September 1834 in Wertheim
(Taufbuch und Totenbuch Wertheim ev. Pfarramt I, 1834)

4. ANTONIE AUGUSTINE FRIEDERIKE GEORGINE KATHARINA
* 30. August 1836 in Karlsruhe
⚭ 11. Oktober 1855 in Paris
(beides siehe beglaubigte Fotokopie der Heiratsurkunde, 6. Arr. Paris, 28. Februar 1969)
mit JACQUES HOOCK,
* 4. Januar 1823 in Hanau
(beglaubigte Abschrift Taufbuch Marienkirche Hanau vom 28. März 1969 [1823, S. 525, Nr. 9])
† ?

5. STÉPHANIE THÉRESE
* 19. Oktober 1837 in Paris
(beglaubigte Fotokopie der Geburtsurkunde, 6. Arr. Paris, 28. Februar 1969)

6. CHARLOTTE ELISE
* 23. Oktober 1838 in Paris
(beglaubigte Fotokopie der Geburtsurkunde, 6. Arr. Paris, 28. Februar 1969)
⚭ ?
† ?

7. GUILLAUME RODOLPHE GEORGES
* 3. März 1843 in Paris
(beglaubigte Fotokopie der Geburtsurkunde, 6. Arr. Paris, 28. Februar 1969)
⚭ ?
† ?

C I. GEORG LEONHART BAUERKELLER
* 22. Oktober 1809 in Wertheim
(Wertheim, ev. Pfarramt I, Taufbuch 1809, X 22)
† 1848 in New York
(lt. Stadtrechng. Wertheim 1849, S. 75)
⚭ 18. Juni 1839 in Mannheim
(lt. Traubuch Wertheim 1839, Auszug aus dem Ehebuch der ev. prot. Gemeinde Mannheim) mit

II. CHARLOTTE SOPHIA KATHARINA HELLER
* 1814 in Wertheim
(Darmstadt, Melderegister-Blatt Nr. 21 de 1844)

verschollen in Amerika
(lt. Stadtrechng. Wertheim 1849, S. 75)

Kinder:

1. Georg Emil
* 7. Juni 1840 in Paris
(Taufbuch Wertheim 1840, lt. beglaubigtem Auszug 6. Arr. Paris)

2. Hermann Heinrich
* 18. Januar 1842 in Wien
(Taufbuch Wertheim 1842, lt. beglaubigtem Auszug der ev. Gemeinde A.C. zu Wien)

D Johanna Elisabetha Hoock (B II) und Johann Valentin Hoock waren Geschwister.
Deren Eltern:
Johann Valentin Hoock
* 30. September 1749
† 26. September 1833
(beglaubigter Auszug aus dem Sterberegister Marienkirche Hanau vom 8. Mai 1969 [1833, S. 90, Nr. 175])
⚭ 22. Oktober 1779
(beglaubiger Auszug aus dem Traubuch Marienkirche Hanau vom 28. März 1969 [1779, S. 7, Nr. 37])
mit Anna Elisabeth Betzin
* 11. April 1759
† 20. Juli 1810
(beglaubigter Auszug aus dem Beerdigungsbuch Marienkirche Hanau 1810, S. 611, Nr. 125)

I. Johann Valentin Hoock
* 11. Dezember 1793
† 13. April 1831
(beglaubigter Auszug aus dem Sterberegister Marienkirche Hanau 1831, S. 18, Nr. 54)
⚭ 12. Oktober 1818 in Hanau
(beglaubigter Auszug aus dem Traubuch Marienkirche Hanau 1818, S. 381, Nr. 29)
mit

II. Sophie Caroline Ropiequet
* ?
† ?

Kinder:
1. Friedrich Jacob, * 21. Juni 1819
2. Karl Jacob Valentin, * 29. Januar 1821
3. Jacob, * 4. Januar 1823
(beglaubigte Abschrift aus dem Taufbuch Marienkirche Hanau 1819, S. 393, Nr. 75; 1821, S. 446, Nr. 36; 1823, S. 525, Nr. 9)

6
Lebensdaten der Gebrüder Bauerkeller

Der Vater der Gebrüder Bauerkeller, Georg Philipp Bauernkeller (sic), war Büttner und fürstlicher Kellermeister in Wertheim am Main. Mit seiner ersten Ehefrau, Anna Dorothea Heller, hatte er zwei totgeborene Kinder und zwei Töchter (A I und II Namenstafel). Seine zweite Ehefrau war Anna Elisabetha Grossmann. Sie gebar ihm am 4. Januar 1805 in Wertheim den ersten Sohn, der am folgenden Tag auf den Namen Georg Michael Bauernkeller (GBM) getauft wurde (A III 5 Namenstafel). Vater Bauernkeller verlor aber auch die zweite Frau schon bald und heiratete 1808 Sophia Catharina Klein aus Weikersheim. Am 22. Oktober 1809 gebar sie ihm seinen zweiten Sohn, der am folgenden Tag auf den Namen Georg Leonhart Bauernkeller (GLB) getauft wurde (A IV 7 Namenstafel). Da GMB der ältere war, wird er in zahlreichen Archivalien und Nachrichten als ›G. Bauerkeller sen.‹ bezeichnet, während GLB als ›G. Bauerkeller‹ oder ›Bauerkeller jg.‹ erscheint. Die Lebenswege der beiden Brüder verliefen über viele Stationen, berührten sich für eine kurze Zeit der Zusammenarbeit und gingen schließlich jäh auseinander, als GLB im Mai 1848 mit Frau und Kindern Darmstadt verließ und nach Nordamerika reiste, wo er im gleichen Jahr verstarb. GMB blieb seit seiner Übersiedlung nach Paris, die zwischen Juli und September 1837 stattfand, ständig dort. Zwischen 1838 und 1846 tritt er als ›fabricant‹ oder ›fabricant de papiers gaufrés‹ (Fabrikant geprägter Papiere) auf[54]. Im *Wertheimer Bürgerbuch de 1838,* Seite 1324, steht ›Kaufmann, nun Lithograph‹. Ab 1846 heißt es in den Patentanträgen ›Imprimeur lithographe et en relief‹ (Stein- und Reliefdrucker)[55]. Allein an diesen Bezeichnungen läßt sich sein Lebensweg vom gelernten Buchhändler, der sich mit der Lithographie und der Reliefprägung vertraut gemacht hat, bis hin zum Inhaber einer Stein- und Reliefdruckerei ablesen. Er wurde ein angesehener Mann mit großer Familie und einer weithin bekannten Firma und starb schließlich in Paris am 1. März 1886 im 82. Lebensjahr (B I Namenstafel).

Während GMB in den Jahren 1831 bis 1836 überwiegend als Buchhändler oder Buchhändler und Kaufmann bezeichnet wird[56], hatte sein Bruder GLB das damals ganz moderne Handwerk des Steindruckers (Lithographen) erlernt. In Archivalien, die ihn betreffen, überwiegt diese Bezeichnung, wenn auch der Wertheimer Stadtrechner zwischen 1839 und 1849 in der Liste der Bürgerrechtsanerkennungsgelder häufig unrichtig ›Buchdrucker‹ schreibt[57]. In Paris wird er einmal als ›Kaufmann‹[58], in Wien einmal als ›Kunstdruckerey-Inhaber‹ und einmal als ›Papierfabrikant‹[59] bezeichnet. Die Übereinstimmung seines Familiennamens mit dem Pariser Firmennamen ›Bauerkeller & Cie‹ und die Möglichkeit, daß GLB Teilhaber der Firma war, wird zu diesen Bezeichnungen geführt haben. Vergleicht man die Berufs- und Tätigkeitsaussagen der etwa gleichen Anzahl von Nachrichten über beide Brüder für die Zeit bis 1848, so ergibt sich offensichtlich, daß GMB der klügere, der anregende, der führende war.

54. Franz. Patent Nr. 9779 Teil 1 u. 2 sowie Geburtsurkunde der Tochter Charlotte Elise (vgl. Namenstafel B II 6).
55. Franz. Patente Nr. 4164, 5377, 5485, 4164/2.
56. Wertheim Stadtarchiv: Stadtrechnung 1832/33, S. 37. – Wertheim, ev. Pfarramt I, Taufbuch 1834, IX 5. – Wertheim Stadtarchiv: Beilage zum Grundbuch Bd. 7, Beilage 91.
57. Wertheim Stadtarchiv, Stadtrechnungen 1839/40, S. 65; 1843/44, S. 87; 1844, S. 86; 1845, S. 93; 1849, S. 75.
58. Geburtsurkunde des Sohnes GEORG EMIL (vgl. Namenstafel C II 1).
59. Geburtsurkunde des Sohnes HERMANN HEINRICH (vgl. Namenstafel C II 2) und FRANZ B. FREY: *Allgemeiner Handels-, Gewerbs- und Fabriks-Almanach.* Wien 1847, S. 419.

Im September 1834 wurde als drittes Kind GMBs erster Sohn geboren, der jedoch nach fünfzehn Tagen bereits starb (B 3 Namenstafel). Paten waren der Kunsthändler LEOPOLD DROSTEN aus London und der Lithograph WILKENS (richtig: WILHELM WINCKENS[60]) aus Karlsruhe. (Ein Geschäftspartner und ein Angestellter oder zwei Geschäftsfreunde als Paten?) Im März 1835 gründeten G. BAUERKELLER (GMB) und der Kunst- und Buchhändler FRIEDRICH GUTSCH (Karlsruhe, Amalienstraße 14) eine neue Firma[61]: ›Artistisches Institut, Buch-, Congreve- und Stein-Druckerei, Landkartendruckerei in Farben durch Verbindung der Lithographie und Typographie, Anfertigung jeder Zeichnung auf Metallplättchen (Gravuren?), Kunstpressungen in Papier, Leder und Zeuge.‹ Warum fand dieser Ortswechsel statt und welche Rolle spielte dabei der Lithograph Wilhelm Winckens? Die einfachste Erklärung liegt wohl darin, daß GMB sich in der Hauptstadt seines Heimatlandes Baden größere Wirkungs- und Erfolgsmöglichkeiten versprach als in dem kleinen Wertheim. Dennoch bestand die dortige Firma noch für eine Zeit fort und firmierte sogar noch einmal um: Während die Anzeige im *Wertheimer Intelligenzblatt* Nr. 22, Seite 135 vom 29. Mai 1835 mit GEBR. BAUERKELLER unterschrieben ist, lautet die Unterschrift in Nr. 31, Seite 182 am 31. Juli 1835 G. BAUERKELLER, das heißt, nun führte GLB das Wertheimer Geschäft allein weiter. Über ihn gibt es bis 1836 nur zwei urkundliche Nachrichten. Sie belegen, daß er am 15. Dezember 1835 und vom 3. Februar bis 3. März 1836 als Lithograph in Wertheim lebte[62]. An den genannten Daten treten beide Brüder gemeinsam mit ihrer Schwester als Erben des elterlichen Vermögens auf, nachdem Vater BAUERKELLERS (gestorben 7. Februar 1828 A I) dritte Ehefrau – GLBs Mutter – am 26. November 1835 verstorben war (A IV Namenstafel). Da von *drei* Erben die Rede ist und die Schwester als ›Frau Sekretär Johann Baptist Strauß‹ bezeichnet wird, muß die zweite Schwester aus der ersten Ehe des Vaters ebenfalls bereits gestorben sein (A II 2 oder 3 Namenstafel). Das gesamte Liegenschaftsvermögen ging im Erbvergleich an die Söhne GMB und GLB über, die ihrer Schwester (nach

60. Wertheim ev. Pfarramt I, Taufbuch 1834 IX 5, und Stadtarchiv Karlsruhe, Schreiben vom 30. 12. 1968 an mich.

61. Zwischen 1832 und 1843 sind nur vereinzelte Karlsruher Adreßbücher vorhanden. Der Name BAUERKELLER erscheint in keinem (1831, 1832, 1838, 1840). Auch kommt der Name nicht im Karlsruher General- und Gewerbesteuerkataster 1834–1838 vor. Polizeiliche Meldebogen aus diesen Jahren existieren nicht mehr. FRIEDRICH GUTSCH, Kunst- und Buchhändler, Amalienstr. 14, ist in den Adreßbüchern von 1832 und 1838 verzeichnet. Im Adreßbuch von 1839 steht die Firma: Gutsch & Rupp, Artistisches Institut. – Zur Firmengründung vgl. Generallandesarchiv Karlsruhe, Fasz.Nr. 233/17630.

62. Wertheim Stadtarchiv, Beil. zum Grundbuch Bd. 7, Beil. 91. (Erbvergleich auf Ableben der Mutter, aufgestellt 15. 12. 1835). Ferner die Beilagen 92 u. 96 (Versteigerung der Liegenschaften und Vollmacht) und Grundbuch Bd. 7, Nr. 214, S. 467–469: Austragung.

der Versteigerung) als Abfindung 1200 Gulden zu zahlen hatten[63]. Nimmt man eine Drittelung an, so fiel auf die Brüder zusammen ein flüssiges Kapital von 2400 Gulden. Sie werden sehr sorgfältige Überlegungen angestellt haben, wo sie das Kapital investieren sollten: in die Wertheimer Firma oder in die Karlsruher Firma oder in ein völlig neues Unternehmen. Für die Karlsruher Zeit bestehen noch zwei weitere Urkunden: die Heiratsurkunde des vierten Kindes (der dritten Tochter) GMBs, in welcher als Geburtseintrag vermerkt ist »geboren in Karlsruhe, Großherzogtum von Baden am 30. August 1836« (B II 4 Namenstafel) und eine Eingabe von Bauerkeller & Gutsch an das badische Staatsministerium vom 21. Juli 1837[64]. Später boten BAUERKELLER und GUTSCH dem Ministerium für die badische Blindenanstalt in Freiburg im Breisgau eine Einrichtung zur Herstellung von Blindenschrift an. Ein Abschlußbericht vom 21. März 1840 bestätigt die ordnungsgemäße Lieferung, spricht aber nur noch von GUTSCH, »der die Einrichtung einer eigenen Druckerei (inzwischen, nämlich nach Ausscheiden von GMB) aufgegeben hat«[65]. 1838 wird im Karlsruher Adreßbuch die Firma Bauerkeller & Gutsch nicht mehr aufgeführt, sondern nur noch Gutsch allein. 1839 assoziierte er sich dann mit dem Buchdruckereibesitzer KARL-FRIEDRICH RUPP mit dem Firmenzusatz ›Artistisches Institut‹. Die Firma bestand bis 1853 und hieß seither (bis in die Gegenwart) Friedrich Gutsch, Buchdruckerei[66].

Am 19. Oktober 1837 wurde dem ›fabricant de papier gaufrés‹ Georges Michel Bauerkeller und Mme. Louise Hoock in der *rue Saint-Denise 380* als fünftes Kind die vierte Tochter geboren (B II 5). Diese Adresse wird noch bis 1850 als Geschäftsadresse der Firma Bauerkeller & Cie. genannt[67]. Im Bericht der Jury der französischen Industrieausstellung von 1839 heißt es: »Cette imprimerie importée d'Allemagne par son propriétaire . . .«[68]. Der Stadtrechner von Wertheim vermerkte am 4. März 1839 eine Einnahmeweisung über 10 fl. »von dem Lythographen Georg Phil. (sic) Bauerkeller in Paris«. Diese Eintragung betrifft GEORG LEONHART BAUERKELLER[69]. So können wir 1839 beide Brüder in Paris nachweisen, wenngleich in späteren Urkunden und Quellen nur noch von *einem* Monsieur BAUERKELLER – nämlich GMB – die

63. Ebd.
64. Generallandesarchiv Karlsruhe, Fasz.-Nr. 233/27611, Eintragungen am 21. 7. 1837, 26. 10. 1837 und 21. 3. 1840.
65. Ebd. 66. Vgl. Anm. 61.
67. SEBASTIAN BOTTIN: *Annuaire Almanach du commerce 1839–1850:* »passage Lemoine; 380, rue Saint-Denise.« 1851: P. 98: »7, rue d'Enghien.«
68. *Exposition de l'industrie française en 1839.* Paris 1839, S. 128.
69. Wertheim Stadtrechnung 1838/39, S. 55, lfd. Nr. 11. Dem heutigen Stadtarchivar von Wertheim, Herrn Erich Langguth, zufolge hat der Schreiber versehentlich die Vornamen des Vaters (vgl. Namenstafel A I) für den Sohn benutzt.

Rede ist. GMB muß zwischen dem 21. Juli und 19. Oktober 1837 (vgl. oben) übergesiedelt sein[70]; der Zeitpunkt der Übersiedlung GLBs und der Firmengründung in Paris ließ sich noch nicht ermitteln. Dem Bericht der Jury der französischen Industrieausstellung zufolge erscheint das Unternehmen 1839 bereits etabliert, bekannt und erfolgreich[71]. Der Patentantrag vom 18. Januar 1839 für das am 13. Juli 1840 unter der Nr. 11840 erteilte ›Brevet d'Invention de 15 ans‹ lautet: »Mémoire descriptif d'un nouveau genre de cartes geographiques« (Beschreibung einer neuen Art geographischer Karten).

Nach der fünften Tochter, die 1838 in Paris zur Welt kam (B II 6 Namenstafel), wurde am 3. März 1843 als siebentes Kind der (nach dem frühen Tod des ersten) wohl heiß ersehnte zweite Sohn, GUILLAUME RODOLPHE GEORGES, geboren (B II 7 Namenstafel). Dieser Sohn hat sich zum Stolz des Vaters entwickelt. Beide reisten zweimal – 1853 und 1856 – nach Karlsruhe und Wertheim, wo der zehn- beziehungsweise dreizehnjährige Zögling des Konservatoriums von Paris vielbeachtete Violinkonzerte gab[72]. Der *Annuaire Almanach du Commerce,* Paris, verzeichnet: »Bauerkeller (Guillaume), professeur de violon«, von 1862 bis 1865 in Vendôme 26 (der gleichzeitigen Firmenadresse), 1866 in Béranger 24 und 1867 in Béranger 12[73]. Dann verschwindet der Name, obwohl GMB noch bis 1869 an der zuletzt genannten Adresse gewohnt hat[74]. 1852, 1853 und 1855 heirateten in Paris BAUERKELLERS erste, zweite und dritte Tochter die drei Söhne seines Schwagers JOHANN VALENTIN HOOCK aus Hanau (B II 1, 2 und 4 der Namenstafel). Mit seinem ersten Schwiegersohn, CHARLES JACQUES HOOCK, hatte GMB bereits 1851 einen neuen Gesellschaftsvertrag geschlossen[75]. Der Firmenname änderte sich im gleichen Jahr (merk-

70. Eingabe in Karlsruhe 21. 7. 1837 (vgl. Anm. 64) und Geburtsurkunde der Tochter STÉPHANIE THÉRESE 19. 10. 1837 (vgl. Namenstafel B II 5).

71. Vgl. Anm. 68. *Exposition universelle de 1855. Rapports du jury mixte international.* Bd. 1. Paris 1856, S. 436.

72. *Der Main- und Tauberbote,* Nr. 78, Wertheim 30. 9. 1853, S. 342 und Nr. 69, Wertheim 29. 8. 1856, S. 276.

73. BOTTIN: *Almanach,* Jahrgänge 1862–1867.

74. Wertheim Stadtarchiv, Stadtrechnung 1869, S. 101.

75. Gesellschaftsvertrag zwischen G. BAUERKELLER und CHARLES HOOCK vom 29. 3. 1851 (Archiv de Paris D 31, U 3, carton 172, No. 559). Registriert (1er Bureau des Actes s.s. privée) am 3. 4. 1851 (Übersetzung des Verf.): »Es soll eine Gesellschaft (société) gegründet werden zwischen M. Georges Bauerkeller, Fabrikant von Farbprägungen, wohnhaft Paris rue de Vendôme 26, und Charles Hoock, Kaufmann, rue St. Martin 16. Zweck der Gesellschaft: Nutzung (exploitation) der Verfahren und Erfindungen des M. Bauerkeller. Sitz der Gesellschaft: rue de Vendôme 26. Beginn: 1. Februar 1851 (courant). Dauer: 15 Jahre. Firma (raison sociale) ist Bauerkeller & Cie. Einlage des M. Bauerkeller ist sein Gewerbe. Einlage des M. Hoock besteht aus 5000 francs und einem brevet d'invention. Jeder der beiden Partner haftet persönlich. Eigenhändig unterschrieben: G. Bauerkeller, Charles Hoock.«

würdigerweise) in ›Bauerkeller & Cie. (Berger-Walter successeur)[76]. Die nächste Veränderung erfolgte erst 1870 in ›Hoock-Bauerkeller‹[77]. 1864 wird GMB in der Wertheimer Stadtrechnung erstmals als ›Privatier‹ geführt. 1871 scheint er noch einmal in Wertheim gewesen zu sein; denn es wird dort im Stadtmuseum ein kleines Reliefmodell von Stadt und naher Umgebung aus Holz, Pappe und Papiermaché aufbewahrt, welches diese Jahreszahl trägt und von dem mündlich überliefert ist, daß GMB es eigenhändig in Wertheim angefertigt habe (BW 32).

GLB befand sich mit Sicherheit am 4. März 1839 in Paris[78]. Er reiste im Juni nach Mannheim, um dort CHARLOTTE SOPHIE CATHARINA HELLER aus Wertheim (C I und II Namenstafel) zu heiraten. Am 8. Juni 1840 wurde den beiden in Paris der erste Sohn EMIL GEORG geboren (C 1 Namenstafel). Der zweite Sohn kam am 18. Januar 1842 in Wien zur Welt, wo die ganze Familie polizeilich gemeldet war[79]. GLBs Aufenthalt in Paris ist also nur für drei Jahre nachweisbar, wenngleich zu vermuten ist, daß er schon 1837 zusammen mit seinem Bruder nach Paris ging. Am 8. März 1843 meldete er sich und seine Familie in Mannheim an – ›Georg Bauerkeller, Lythograph, letzter Wohnort Wertheim‹ – und vermerkte auf dem Meldebogen eigenhändig, er lebe von Renten[80]. Diese Angaben müssen verwundern: kam er nicht aus Wien, und was ist mit ›Renten‹ gemeint? Am 13. April 1844 erfolgte in Mannheim die Abmeldung nach Darmstadt[81]. Warum (und mit welchem Auftrag seines Bruders) er Paris verlassen hatte und was er in Wien und Mannheim tat, konnte bisher nicht geklärt werden. In Darmstadt jedenfalls wurde er von so bedeutenden Männern wie GUSTAV JONGHAUS und RICHARD LUDWIG VENATOR[82] ehrenvoll aufgenommen

76. BOTTIN: *Almanach,* 1851, S. 98.
77. Ebd., 1870, S. 341.
78. Vgl. Anm. 69.
79. Archiv der Stadt Wien, Konskriptionsbogen 1830–1856, Vorstand Wieden, Haus Nr. 357, Fremdentabelle 1843.
80. Fotokopie Familienbogen Bauerkeller, Großherzogliche Stadt- und Polizei-Direction, Mannheim 1843.
81. Ebd.
82. Vgl. Anm. 4.
83. GLB entfaltete in der neuen Firma eine rege Betriebsamkeit und schuf dadurch die Basis für den Fortbestand des Unternehmens auch nach seinem Ausscheiden. Die mit Jahreszahlen versehenen Druckvermerke der achtzig Blätter des im Stadtmuseum Darmstadt aufbewahrten Handatlas von 1860 (BW 20) lassen den weiteren Verlauf erkennen: So tragen alle bis 1855 erstellten Blätter den Vermerk »Druck und Verlag von Baukellers's Präganstalt Jonghaus und Venator«; zwischen 1855 und 1860 erscheinen folgende Bezeichnungen: »Verlag der karthographisch-artistischen Anstalt von Jonghaus und Venator«, »Verlag von Jonghaus und Venator's karthographisch-artistischer Anstalt«, »Druck und Verlag von Jonghaus und Venator, karthographisch-artistische Anstalt«. Aus der Zeit nach 1860 wurden bisher keine Arbeiten aufgefunden. Die Firma erlosch im Jahre 1867.

und die Gründung der Firma ›Bauerkeller's Präganstalt Jonghaus und Venator‹ in der Großherzoglich Hessischen Zeitung Nr. 59 vom 28. Februar 1844 in der Rubrik ›Kunst und Industrie‹ angezeigt[83]. Am 22. April meldete GLB sich selbst und seine Familie in Darmstadt an und im Mai 1848 (ohne Datumangabe) nach Nordamerika ab. Die letzte Nachricht über ihn ist der Eintrag in der Wertheimer Stadtrechnung von 1849, Seite 75: »Bauerkeller Georg jg., Buchdrucker, starb im vorigen Jahr in Neujork« (C I Namenstafel).

Was erfand Gutenberg in Straßburg?

1

Jeder Druckhistoriker hat sich die Frage, was GUTENBERG in Straßburg erfand, vorgelegt; viele haben sie bearbeitet. Als Resultat ist nicht mehr und nicht weniger als eine Hypothese zu erwarten, denn die archivalischen Nachrichten lassen keine eindeutige Interpretation zu. Dennoch stimmen merkwürdigerweise alle bisherigen Hypothesen in dem einen Punkt überein, daß mit Gutenbergs neuer »afentur und kunst« das Drucken gemeint sei. Wie kommt es zu dieser Übereinstimmung, wenn doch so viele Angaben der Straßburger Prozeßakten unklar, vage, mehrdeutig sind?

Mir scheint, daß die Versuche zur Deutung dieser Akten zu stark und zu direkt von der Kenntnis des Endresultats der Bemühungen Gutenbergs beeinflußt wurden. Man kennt die frühesten gesicherten Druckwerke und die zum Teil sehr gut fundierten Analysen ihrer Herstellart zu gut, sie sind dem Gedächtnis zu immanent, um sie auszuschließen. Das führt zu einer retrospektiven Betrachtungsweise. Außerdem setzt man anscheinend – bewußt oder unbewußt – voraus, daß Gutenberg schon ab Mitte der dreißiger Jahre eine klare Vorstellung seines Zieles, der mechanischen Vervielfältigung von Büchern mittels Einzeltypen, gehabt habe. Auf diese Weise kommt man zwangsläufig dazu, aus den archivalischen Nachrichten von 1439 bereits Druckwerkzeug und Druckversuche herauszulesen.

Es ist denkbar, daß Gutenberg zu irgendeinem Zeitpunkt sowohl die Idee der mechanischen Vervielfältigung von Büchern mittels Einzeltypen, als auch die Wegweisung zu ihrer Realisierung in Form einer Intuition empfing. Immer wieder geschehen Erfindungen durch einen solchen einmaligen Schöpfungsprozeß. Doch der Buchdruck ist keine Vorrichtung und kein Gerät, sondern ein technisches *Verfahren*, für welches Vorrichtungen und Geräte und dazu noch mehrere verschiedene Arbeitsabläufe erfunden bzw. erdacht und entwickelt werden mußten. Eine solche Erfindung dürfte eher in einem evolutionären Prozeß zustande gekommen sein: Die Lösung technischer Aufgaben gebiert die entscheidende geistige Idee, und diese wieder schafft neue technische Probleme, welche gelöst werden müssen. Das will sagen: die handwerklichen und technischen Arbeiten, mit denen sich Gutenberg bis Anfang der vierziger Jahre in Straßburg befaßte, mündeten in die Erkenntnis, daß man mit Hilfe der durch sie gewonnenen Erfahrungen auch Bücher vervielfältigen könnte. Erst mit der Geburt dieser Idee begann die Entwicklung der Erfindung des Buchdrucks.

Es wäre einmal gründlich zu untersuchen, welche Antworten die Straßburger Prozeßakten auf Fragen geben, welche aus dieser Hypothese resultieren. Die folgenden Ausführungen verstehen sich als Wegweiser zu dieser Aufgabe.

2

Das Kernstück der Hypothese, nach welcher Gutenberg bereits Ende der dreißiger Jahre in Straßburg Versuche unternommen hätte, mit Einzeltypen zu drucken, basiert im wesentlichen auf folgenden Mitteilungen der Prozeßakten von 1439: Gutenberg ließ sofort nach dem Tod des ANDREAS DRITZEHN alle ›Formen‹ zurückholen und vor seinen Augen ›einschmelzen‹. Er ließ an der ›Presse‹ die ›zwei Schrauben‹ aufdrehen, damit ›die vier Stücke‹ auseinander fallen sollten. Ferner ist wiederholt von ›Bleikäufen‹ die Rede, und schließlich sprach HANNS DÜNNE vom ›trucken‹.

Man schließt daraus auf Druckversuche mittels einer (Druck-)Presse und erklärt die Formen für Drucktypen aus Blei (oder einer Bleilegierung) und die vier Stücke, welche nach dem Lösen der Schrauben auseinanderfielen, als Teile des Satzrahmens.

In den hohen Beträgen, welche die Gesellschafter einbrachten, sieht man – mit einem Blick auf FUSTS zweimal 800 Gulden – eine weitere Bestätigung dafür, daß es sich um dieselbe Sache gehandelt habe. Die genaue Summe geht aus den Akten nicht hervor. 410 Gulden sollten ANDREAS HEILMANN und ANDREAS DRITZEHN eigentlich insgesamt zahlen. Der letztere behauptete, allein gegen 500 Gulden aufgebracht zu haben, während Heilmann mit Sicherheit 130 Gulden einzahlte.

Gutenberg konnte um 1450 Johannes Fust von der Realisierbarkeit seiner Idee überzeugen und ihn dadurch zur Hergabe von über 800 Gulden veranlassen. Setzt man eine ähnliche Situation bereits 1438 in Straßburg voraus, so wäre das allerdings Grund genug für Dritzehn und Heilmann gewesen, 500 bis 600 Gulden anzulegen. Aber in Straßburg gelang die Erfindung des Buchdrucks eben nicht, denn sonst gäbe es aus dieser Zeit bereits Druckerzeugnisse[1]. Dennoch hielten die Geldgeber offenbar still. Warum?

Weiter wird von den Verfechtern der These von Straßburger Druckversuchen noch PROKOP WALDFOGHEL herangezogen. Hier ist man allerdings vorsichtiger und formuliert nur dahingehend, daß er »in Avignon genau das Gleiche machte, was Gutenberg einige Jahre vorher in Straßburg tat«[2]. Da Waldfoghel von der ›ars

1. HELMUT PRESSER: *Johannes Gutenberg in Zeugnissen und Dokumenten.* Reinbek bei Hamburg 1967, S. 133: »Im Gegensatz dazu führt die Aufstellung für die ersten nachweisbaren Druckjahre von 1452 bis 60 insgesamt 22 Drucke auf, wobei von vielen sogar mehrere Exemplare, Teile oder Fragmente aufgefunden wurden.«
2. ALOYS RUPPEL: *Johannes Gutenberg. Sein Leben und sein Werk.* 2. Aufl. Berlin 1947, S. 196. 3. Aufl. (fotomech. Nachdruck) Nieuwkoop 1967.

artificialiter scribendi‹ sprach, werden beide Zitate zusammen wiederum als Bestätigung dafür ausgelegt, daß sich Gutenberg Ende der dreißiger Jahre mit Druckversuchen in Straßburg befaßte.

Drei wichtige Fragen ergeben sich aus einer solchen Interpretation. Zwei davon, auf welche sich auf der Basis dieser These keine Antwort findet, wurden bereits erwähnt: Warum gibt es nicht den winzigsten Rest der vermuteten Straßburger typographischen Druckversuche? Weiter: Warum hielten Gutenbergs Geldgeber und Mitgesellschafter still, obwohl ihr gemeinsames Druckerei-Geschäft erfolglos war? Und als dritte Frage muß sich dem Druckfachmann die folgende stellen: Wenn es 1438 bereits eine Druckpresse, eine Art Schließrahmen, mit Hilfe von Blei gegossene Typen und Druckversuche mittels dieser Teile gegeben hätte (folglich auch eine Druckfarbe und brauchbare Ansätze der verschiedenen Arbeitsverfahren wie Gießen, Setzen, Papierbehandlung, Drucken), wenn also dies alles in einem Frühstadium bereits vorhanden gewesen wäre, hätte es dann zur Vervollkommnung noch weiterer vierzehn Jahre (bis 1452) bedurft? Selbst die halbe Zeit wäre noch hochgegriffen, obwohl heute kaum noch ein Forscher Gutenberg-Drucke bereits ab 1445 vermutet.

3

Wenn wir von der erwiesenen Tatsache ausgehen[3], daß Gutenberg von Haus aus dem Goldschmiedehandwerk nahestand, befinden wir uns auf absolut gesichertem Boden. In Straßburg wurden die Verbindungen noch enger. Abgesehen davon, daß er einmal an der Spitze ihrer ›Zugesellen‹ genannt wird, belegen die Archivalien seine lehrende und ausübende Tätigkeit im Goldschmiedehandwerk. Sein Unterricht im ›Stein bollieren‹ und die von ihm gegründete Gesellschaft zur Spiegelanfertigung sind bekannt. Welche Fertigkeiten er im einzelnen besaß und ausübte, läßt sich nicht belegen. Sicherlich kannte er das gesamte Arbeitsgebiet der Goldschmiede, die meisten ihrer Techniken und viele ihrer Probleme. Im Sinne einer evolutionären Theorie sind alle frühen Entwicklungsstufen des Erfinders Gutenberg im näheren Bereich der Goldschmiedetechnik zu suchen. Auch das ist ein Grund, an Druckversuchen vor 1440 zu zweifeln: Der Übergang wäre zu brüsk und würde nur zum Bild des ›intuitiven Spontanerfinders‹ passen, das eingangs bereits als nicht zutreffend bezeichnet wurde.

Zu den Aufgaben der Goldschmiede, speziell der Graveure, gehörte auch die Anfertigung von Punzen. Punzen sind kleine Eisenstäbchen, auf deren Spitze (dem Auge) alle möglichen Zeichen eingraviert werden. Auch die Stempel für den Blind-

3. FRIEDRICH ADOLF SCHMIDT-KÜNSEMÜLLER: *Die Erfindung des Buchdrucks als technisches Phänomen.* Mainz 1951 (Kleiner Druck der Gutenberg-Gesellschaft. 48.), S. 23/24.

druck und die Vergoldetechnik zählen dazu. Verwender von Punzen und Stempeln waren die Goldschmiede selbst, aber auch die Waffenschmiede, Siegel- und Münzenhersteller, Zinngießer und Buchbinder. Sie alle benötigten Stempel gleicher Art, aber mit verschiedener Gestaltung des Auges: Kleinornamente oder Teile größerer Ornamente, Ziffern und Buchstaben. Der weitverbreitete Gebrauch derartiger Punzen ist bereits vom 12. Jahrhundert an nachgewiesen[4]. Ihre Entstehung geht vermutlich auf die koptische Lederbearbeitungstechnik zurück.

Unsere Überlegungen gehen davon aus, daß Gutenberg Mitte der dreißiger Jahre ein Verfahren zur Vervielfältigung gravierter Punzen erdachte und auszuarbeiten begann. Der Gedanke, einen einmal von Hand gravierten Blütenstempel durch eine mechanische Vorrichtung beliebig oft abformen zu können, mußte den Fachmann in mancherlei Hinsicht – nicht zuletzt pekuniär – reizen. Selbst wenn die mechanische Herstellung nur dreiviertel der Zeit einer Handgravierung ersparte[5], konnte man ihn für die Hälfte des bisherigen Preises noch mit gutem Gewinn verkaufen[6]. Außerdem konnte die Vervielfältigung von einer Hilfskraft ausgeführt werden, wodurch der gelernte Graveur für andere Arbeiten frei wurde. Schließlich würden sich, des günstigen Preises wegen, auch dann noch genügend Käufer finden, wenn sich die neuartigen Punzen schneller abnützten als die alten. Denn eines ist klar: Wie auch immer das Vervielfältigungsverfahren aussah, das abgeformte Stück mußte ein wenig weicher sein als das Original.

Bevor wir die Straßburger und andere Dokumente zur Überprüfung der neuen Gedanken heranziehen, soll dargelegt werden, auf welche Weise Gutenberg seine neue und (weil guten Gewinn versprechende) geheime Erfindung technisch realisiert haben könnte. Punzen kann man abdrücken und einschlagen. Das Abdrücken ist ein von Hand ausgeführter Stempelvorgang und bedingt weiches Stempelmaterial, – zum Blinddruck den Ledereinband eines Buches, oder irgendeine Stempelfarbe z. B. Schwarz oder Blattgold. Unter Einschlagen einer Punze versteht man das Eintiefen in härtere Materialien z. B. Metall mittels eines Hammers. Dieser Vorgang ist vergleichbar dem Einschlagen eines Nagels, wobei in beiden Fällen beim ersten Schlag die Spitze nur ein wenig eindringt und im Material eine Markierung erzeugt. Die Punze wird nun durch sorgfältiges Einsetzen der ornamentierten Punzenspitze in den beim ersten Schlag erzeugten Abdruck mittels weiterer behutsamer Schläge deutlich sichtbar gemacht.

4. MAX JOSEF HUSUNG und FRIEDRICH ADOLF SCHMIDT-KÜNSEMÜLLER: *Geschichte des Bucheinbandes.* In: Handbuch der Bibliothekswissenschaft. 2. Aufl., Bd. 1. Wiesbaden 1952, S. 809 f.

5. Vermutlich war die Zeitersparnis noch größer.

6. Oder selbst benützen? SCHREIBER sieht eine ›vage Möglichkeit‹, daß sich Gutenbergs Gesellschaft mit Buchbinderei beschäftigt haben könnte. – W. L. SCHREIBER: *Vorstufen der Typographie.* In: Festschrift zum Fünfhundertjährigen Geburtstag von Johann Gutenberg. Mainz 1900, S. 50.

Es leuchtet ein, daß die Spitze der Punze, das Auge, spiegelbildlich erhaben geformt sein muß, damit der Buchstabe lesbar, flach oder flach vertieft in dem damit bearbeiteten Material erscheint.

Gutenberg, der die Gieß- und Prägetechniken der Goldschmiede seiner Zeit gekannt hat, wird diese Verfahren auf ihre Verwendbarkeit für seine Zwecke überprüft haben. Das Gießen aus der festen Form, das die Zinngießer in Deutschland schon seit dem 14. Jahrhundert praktizierten, hat er sicher anfangs verworfen. Es mag ihm für die Vervielfältigung von so kleinen Gegenständen, wie Punzen es sind, sogar völlig unmöglich erschienen sein, wenngleich gerade der Guß (mit Hilfe des Handgießinstruments) die technische Krönung seiner späteren Erfindung werden sollte. Das Sandgußverfahren schied ebenfalls aus – zumindest für das präzise Abformen des winzigen Punzenauges.

Konnte man dies aber nicht durch Prägen vervielfältigen, also mit Hilfe derjenigen Technik, welche man bei der Benutzung des fertigen Punzens ja ohnehin anwandte? Und wie wäre es mit einer Kombination von Sandguß und Prägung, dergestalt, daß man den Punzenstil, den Rohling, in der Sandform gießt, anschließend von Hand glättet und zum Schluß das Auge einprägt? Diese Möglichkeit ist durchaus realisierbar. Man benötigt dazu folgende Teile (vgl. Abbildung 1–7):

1. Handgravierte Punzen aus Eisen oder Stahl. In diese muß jedoch das Auge jetzt seitenrichtig und vertieft eingraviert sein (Abbildung 6), damit es bei der Abformung durch das Prägen seitenverkehrt und erhaben auf jedem neuen Stück erscheint (Abbildung 7).

Der Nürnberger Dominikaner KONRAD FORSTER verwendete spätestens seit 1434 Buchstabenpunzen mit seitenverkehrt, aber vertieft graviertem Auge, wodurch er beim Abdruck einen erhabenen, also geprägten Buchstaben erhielt. Vielleicht hatte Gutenberg derartige Stempel oder Stempelungen gesehen und sich zu eigenen Überlegungen anregen lassen.

2. Eine Vorrichtung, welche den zum Prägen erforderlichen Anpreßdruck abgibt, also eine Presse mit einer Spindel zum Zudrehen (Abbildung 1) und einem fest eingebauten Holzblock, in welchen man die Originalpunze als Matrize einstecken kann (Abbildung 2).

3. Eine Vorrichtung, welche den Rohling, also den gegossenen Stiel, beim Prägevorgang in der Presse festhält. Diese Vorrichtung muß aus mindestens zwei rechtwinkligen eisernen Winkeln von der Länge des Stiels bestehen (Abbildung 3).

4. Eine Vorrichtung, welche die beiden Winkel und den in sie eingeschlossenen Rohling festhält. Diese Vorrichtung kann aus Holz bestehen. Mit Hilfe von zwei Schrauben – eine oben, eine unten – lassen sich Rohling und Winkel fest zusammenhalten (Abbildung 4).

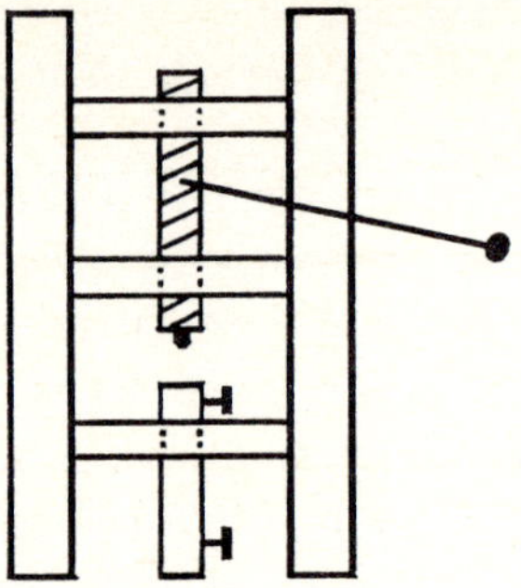

ABBILDUNG 1

Presse mit Spindel und Stange, Oberteil, Unterteil mit zwei Schrauben.

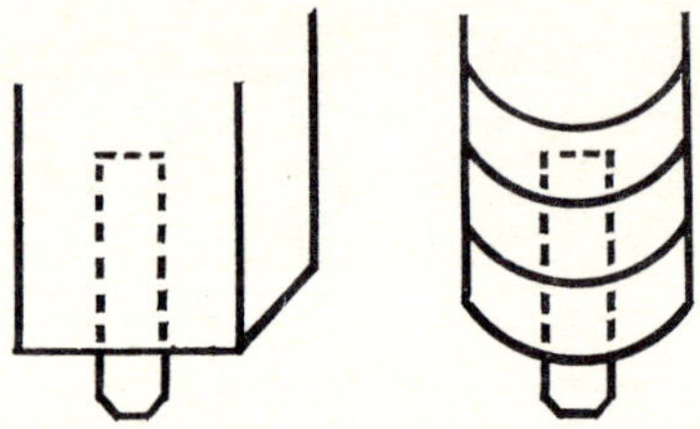

ABBILDUNG 2

Oberteil als Einsatz in oder Ansatz an der Spindel oder Oberteil, in das die handgravierten Punzen direkt eingesetzt sind.

5. Schließlich benötigt man die Rohlinge selbst, welche aus einem gießfähigen Material – nicht zu hart und nicht zu weich – im Sandgußverfahren hergestellt werden können (Abbildung 5).

Der Vorgang ergibt sich nach dieser Aufzählung von selbst. Er ging, verglichen mit dem Arbeitstempo, welches das spätere Handgießinstrument zur Typenherstellung erlaubte, recht langsam vonstatten: Nach jedem Prägevorgang mußte das Unterteil aus der Presse gezogen, aufgeschraubt, der geprägte Punzen herausgenommen und der nächste Rohling eingelegt werden. Nach dem erneuten Zuschrauben und Einsetzen konnte ein neuer Prägevorgang erfolgen. Der Punzen war jedoch damit noch nicht fertig, denn jetzt mußten von Hand noch die durch das Prägen entstandenen Quetschränder entfernt und die Spitze allseitig sauber gefeilt werden. Für die Punzenherstellung mit kleinen Mengen von vielleicht jeweils fünf bis zehn Stück pro Motiv bedeutete dieses Arbeitstempo dennoch einen enormen Fortschritt.

Für die Lösung der technischen Probleme sind zwei, vielleicht drei Jahre zu veranschlagen. Das zu investierende Kapital läßt sich nicht schätzen, jedoch dürfte es nicht unerheblich gewesen sein. Man vergegenwärtige sich die Kosten der Entwicklung der Presse mit Ober- und Unterteil, des Unterteils selbst mit den Winkeln und Schrauben, des genügend harten Gießmetalls, ferner das Anlegen von Vorräten an gegossenen Rohlingen und gravierten Originalpunzen mit verschiedenen Ornamenten, Ziffern und Buchstaben verschiedener Größe.

Die Frage liegt nahe, ob denn ein genügend großer Bedarf an Punzen vorhanden gewesen sei, um diesen Aufwand an Zeit und Geld zu rechtfertigen. Bei flüchtiger

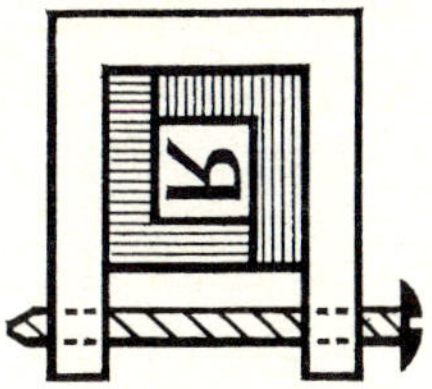

ABBILDUNG 3

*Unterteil von oben gesehen,
in der Mitte der bereits geprägte Rohling,
die obere der beiden Schrauben*

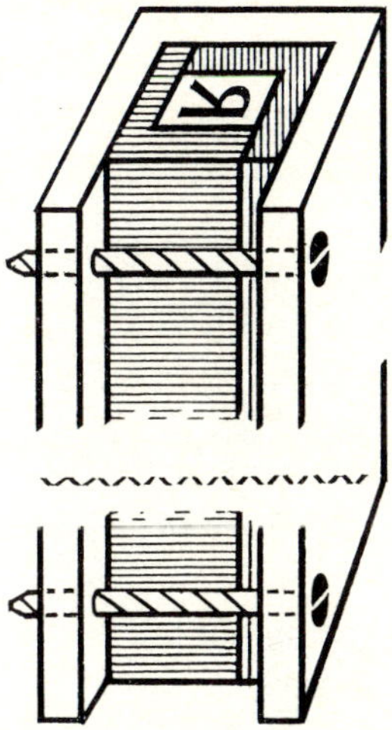

ABBILDUNG 4

*Unterteil perspektivisch.
Rohling geprägt, zwischen zwei eisernen Winkeln
in einer hölzernen Vorrichtung
mit zwei Schrauben, die vier Stücke zusammenhalten.*

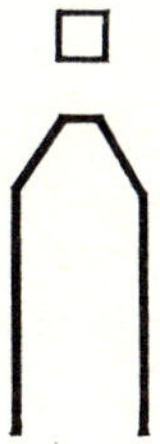

ABBILDUNG 5

Unbearbeiteter gegossener Punzen-Rohling.

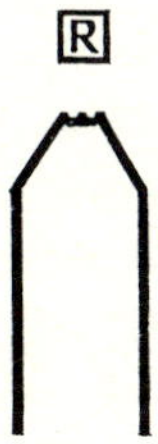

ABBILDUNG 6

Handgravierter, prägebereiter Originalpunzen.

ABBILDUNG 7

Fertig geprägter Punzen.

Durchsicht der Literatur[7] ergibt sich zwar ein positives Resultat, jedoch müßte diese Frage noch eingehend überprüft werden.

Zu überprüfen wäre auch die andere Frage: wo finden sich Zeugnisse einer solchen umfangreichen Produktion? Und wie ging die Entwicklung weiter, nachdem Gutenberg sie fallen gelassen hatte, um sich ganz der Realisierung einer neuen Idee zu widmen?

7. OTTO HUPP: *Gutenberg und die Nacherfinder.* In: Gutenberg-Jahrbuch Mainz 1929, S. 54 (mit Abb.) und FRANZ FALK: *Der Stempeldruck vor Gutenberg und die Stempeldrucke in Deutschland.* In: Festschrift zum Fünfhundertjährigen Geburtstag von Johann Gutenberg. Mainz 1900, S. 59–64.

Die Straßburger Ereignisse lassen sich aus den überlieferten Protokollen der Zeugenaussagen und dem Urteil des Straßburger Rates vom 12. Dezember 1439 folgendermaßen skizzieren: Andreas Dritzehn schloß sich Gutenberg einige Jahre vor 1439 an und lernte von ihm eine bestimmte Methode, Steine zu schleifen. Er war damit erfolgreich und verdiente gut.

Längere Zeit danach (vermutlich im Winter 1437/38) verband sich Gutenberg mit Hans Riffe, Vogt zu Lichtenau, zur Ausübung einer Kunst, welche mit der Aachener Wallfahrt von 1439 in Zusammenhang stand. Wenig später baten noch Andreas Dritzehn und Andreas Heilmann (durch seinen Bruder Anton) gegen Zahlung eines Lehrgeldes um Aufnahme in die Gemeinschaft. Sie wurde ihnen gewährt, und man begann mit der Herstellung von Wallfahrtsspiegeln nach Gutenbergs Verfahren. Aber bereits nach kurzer Zeit stellte sich heraus, daß man sich im Datum der nächsten Wallfahrt um ein Jahr versehen hatte. Sie fand erst 1440 wieder statt. Da nun einerseits durch diesen Umstand Zeit gewonnen war, die nutzbringend angewendet werden sollte, und die Gesellschafter anderseits herausgefunden hatten, daß Gutenberg noch eine andere Kunst betrieb, die er vor ihnen bislang verheimlichte, baten sie ihn, sie an dieser zweiten Sache auch teilhaben zu lassen. Nach einigem (taktischen?) Zögern und neuen Geldeinlagen für den nun zweifachen Geschäftszweck, schloß er mit ihnen vermutlich im Spätsommer 1438, einen neuen Gesellschaftsvertrag für die Zeit von 1438 bis 1443 ab.

Bei der einen Kunst handelte es sich um die Herstellung von Wallfahrtsspiegeln[8], bei der anderen um die Vervielfältigung von Punzen. Damit hatte sich Gutenberg schon seit 1436 oder 1437 befaßt, denn in einem Zeugenprotokoll von 1439 heißt es: »Item Hanns Dünne der goldsmyt hat geseit, das er vor dryen joren oder dobij Gutemberg bij den hundert guldin abe verdienet habe, alleine das zu dem trucken gehöret.« Während sich der angegebene Betrag auf die Herstellung gravierter Originalpunzen gemäß der Gutenbergschen Erfindung, vielleicht auch die Anfertigung der eisernen Winkel (Abbildung 4), beziehen kann, spielt der Begriff ›trucken‹ eine doppelte Rolle:

1. Der Begriff Drucken wurde Anfang des 15. Jahrhunderts sowohl im heutigen Sinne verwendet, nämlich von ›Briefern‹, den Druckern der Holzschnitte[9], als auch im Sinne von Drücken, also ›Anpreßdruck ausüben‹[10]. In dieser Bedeutung könnte er sich auch auf die Punzenvervielfältigung durch Prägen mit einem Preßwerkzeug beziehen.

8. Schmidt-Künsemüller, a. a. O., S. 57/58.

9. Ruppel, a. a. O., S. 93.

10. Es scheinen keine klaren Abgrenzungen der Begriffe Drucken, Prägen, Pressen bestanden zu haben, denn es steht z. B. im Deutschen Wörterbuch der Gebr. Grimm, Bd. 7, 1889, Sp. 2055 f. unter Prägen 1 c) das Zitat »Opitz 1645 . . . ihr bücher, wer wird euch nun verlegen, wer wird euch jetzund pregen?«

2. Aber auch auf die Spiegelproduktion läßt sich dieses ›trucken‹ anwenden. Dazu berichtet SCHMIDT-KÜNSEMÜLLER[11]: »Wie mir Prof. F. M. Feldhaus in einer privaten Mitteilung schreibt, wäre eine Kombination von Spiegel und Trucken derart möglich, daß zwischen gravierte Ober- und Unterform (Matrize und Patrize) Blech gelegt und durch Zusammenpressen ein Spiegelrahmen gefertigt wurde. Wenn an diesen beiden Formen Aussparungen angebracht wurden, um Buchstabenstempel einzusetzen, so konnten Rahmen mit verschiedenen Wallfahrtsorten und mit wechselnden Jahreszahlen geprägt werden. Der eigentliche Spiegel dagegen wurde aus Metall gegossen.«

Man könnte folglich annehmen, daß Gutenberg mit seiner Presse sowohl Spiegelrahmen als auch Punzen prägte und die Punzen wiederum zur Betextung der Spiegelrahmen benutzte. Wenn diese Vermutung in etwa zutrifft, dann ist sie ein früher Beweis für seine Begabung, Verfahren zu durchdenken, eines aus dem anderen zu entwickeln und verschiedenste Faktoren rationell aufeinander abzustimmen. Diese Fähigkeit wurde zur wichtigsten Voraussetzung für die Meisterung der späteren Probleme im Druckprozeß. Man denke daran, daß er die Tätigkeiten und Abläufe des Gießens und Setzens, der Papiervorbereitung, des Druckens und der Bogentrocknung ersinnen, entwickeln und koordinieren mußte, um ein umfangreiches Werk überhaupt drucken zu können.

Wie SCHMIDT-KÜNSEMÜLLER an der gleichen Stelle schreibt, hat Gutenberg auch »die härtende Qualität des Antimons« gekannt. Antimon wurde nachweislich bei der Spiegelherstellung und beim späteren Typenguß verwendet. Es ist daher wahrscheinlich, daß es Gutenberg auch schon für die Legierung des Gießmetalls der Punzenrohlinge benutzte. Es kann angenommen werden, daß er 1438 im zweiten Jahr der Entwicklung bereits in der Lage war, die Herstellung von Punzen zu demonstrieren. Laut Aussage von Anton Heilmann war kurz vor Abschluß des Fünfjahresvertrags so viel Werkzeug vorhanden und in Arbeit, daß dessen Wert fast der Höhe der Kapitaleinlagen der Gesellschafter entsprach. Das überzeugte die Gesellschafter. Ebenso auch die Aussichten auf das Spiegelgeschäft, denn sie wußten gewiß, daß die Pilgerscharen bei der Wallfahrt sehr groß waren[12]. Derartige Hoffnungen rechtfertigten den finanziellen Einsatz und begründeten den Optimismus, der besonders von Andreas Dritzehn überliefert wird. Während die Spiegelfertigung in den Zeugenaussagen wiederholt beim Namen genannt wird, bezeichnen die Zeugen und Gutenberg selbst die zweite Produktion der Gesellschaft nur allgemein als ›afentur und kunst‹ oder als

11. SCHMIDT-KÜNSEMÜLLER, a. a. O., S. 59.

12. RUPPEL, a. a. O., S. 89: »Nach einem Bericht aus dem Jahre 1496 wurden an den Aachener Stadttoren an einem einzigen Tage 142 000 Pilger in Aachen gezählt.«

›werk‹. Wir erfahren einige technische Einzelheiten, welche zu der neuen These der Punzenvervielfältigung ebenso gut passen, wie zu der Theorie der Druckversuche.

Die hölzerne Presse und ihr Erbauer, CONRAD SASPACH, werden mehrfach erwähnt. Die Presse befand sich noch 1446 im Besitz der Brüder des verstorbenen Andreas Dritzehn, die ja den Prozeß angestrengt und verloren hatten. Offenbar ließ diese Presse keine Rückschlüsse auf die (geheime) Punzenfertigung zu. Vielleicht war sie überdies so einfach in der Konstruktion (Abbildung 4) und folglich auch nicht teuer, daß Gutenberg lieber von Saspach eine neue (möglicherweise gleichzeitig verbesserte) Presse bauen ließ, als nochmals zu prozessieren.

Lorenz Beildeck, Gutenbergs Diener, berichtete von dem Auftrag, den er gleich nach dem Bekanntwerden des plötzlichen Todes von Andreas Dritzehn von Gutenberg erhielt: Er sollte in das Haus Dritzehn gehen und an der dort stehenden Presse zwei kleine Schrauben aufmachen, damit die Stücke (an anderer Stelle wird gesagt, daß es vier waren) auseinander fallen sollten. Abbildung 4 zeigt das Unterteil, welches aus drei Stücken – zwei eisernen Winkeln und der hölzernen Vorrichtung – besteht und durch zwei Schrauben zusammengehalten wird. Wenn man diese aufdreht, fallen die drei Stücke auseinander und das vierte, die geprägte oder ungeprägte Punze, heraus. Schließlich werden noch Formen erwähnt, die Gutenberg aus dem Hause Dritzehn zurückholen und einschmelzen ließ. Dabei kann es sich im Sinne dieser These nur um geprägte Punzen handeln, deren Rohlinge ja gegossen wurden und folglich auch schmelzbar waren. Wenn dem so ist, dann hat Gutenberg später den Terminus ›Formen‹ in seine neue Erfindung – das Buchdruckverfahren – mit hinübergenommen, denn in der Frühdruckzeit wurden die Einzeltypen Formen genannt. Warum er sie allerdings – es war nach Weihnachten 1438 – einschmelzen ließ, wird nicht klar. Vielleicht handelte es sich um neue Modelle, die in Vorbereitung und noch nicht im Verkauf waren. Vielleicht hatte man sich auch bis dahin ausschließlich mit der Spiegelherstellung befaßt (um größere Vorräte anzulegen) und mit dem Verkauf von Punzen überhaupt noch nicht begonnen.

Nach dem Prozeß erfahren wir dann nichts mehr über die Tätigkeit der Gesellschaft. Da ein klares und für die Gesellschaft günstiges Urteil gesprochen wurde und von Gesellschaftsauflösung nicht die Rede ist, wird die Gesellschaft fortbestanden und einen günstigen Verlauf genommen haben. Belegen läßt sich diese Annahme nicht, aber zweierlei spricht dafür:

1. Mitwisser der technischen Geheimnisse waren nach Dritzehns Tod noch Hans Riffe, Andreas Heilmann, Hanns Dünne und Conrad Saspach. Daß diese vier absolutes Stillschweigen bewahrt hätten, wenn ihnen aus ihren Geldeinlagen bzw. ihrer Tätigkeit keinerlei Gewinn zugeflossen wäre, halte ich für zweifelhaft[13]. Daß ihnen Gutenberg aus seinen eigenen Einnahmen geldliche Zuwendungen zum Ersatz

nicht erzielten Gewinnes machen oder gar die Einlagen zurückzahlen konnte, um die Wahrung des Geheimnisses zu gewährleisten, ist nicht wahrscheinlich. Wenn die Geschäftspartner also zufrieden waren, dann hatten sie aus der Zusammenarbeit auch Einnahmen.

2. Wären sie unzufrieden gewesen, hätte es sicher wieder einen Prozeß um Geld gegeben. (Von den von RUPPEL[14] angeführten 33 archivalischen Nachrichten über Gutenberg befassen sich 22 mit Geld, davon drei mit Steuern, die restlichen zehn sind ebenfalls Gerichtssachen.)

Für den günstigen Verlauf der Ereignisse spricht außerdem noch die Tatsache, daß Gutenberg 1441 die Bürgschaft für einen Kredit für JOHANN KARLE übernahm und außerdem stets pünktlich seine Weinsteuer bezahlte. Wenn er dann 1442 selbst ein Darlehen aufnahm, so könnte das ein Hinweis auf ein neues Vorhaben Gutenbergs sein, über welches er seine Teilhaber nicht unterrichten wollte, und wofür er deshalb selbstverständlich keine Mittel aus der Kasse der Gesellschaft, die ja gemäß Vertrag noch bis 1443 bestehen sollte, entnehmen durfte.

5

War Gutenberg durch die Vervielfältigung der Punzen inzwischen auf den kühnen Gedanken, die entscheidende Idee seines Lebens gelenkt worden, mittels metallener Einzelbuchstaben Bücher herzustellen?

Die Vermutung erscheint berechtigt. Als Techniker hatten ihn seine früheren Betätigungen Schritt für Schritt auf die große Aufgabe vorbereitet: Vom Goldschmiedehandwerk war er einerseits durch die Spiegelfertigung bis zum maschinennahen Werkzeug – der Presse – vorgestoßen, anderseits durch die Punzenherstellung auf die Serienproduktion gelenkt worden und also auch bereits mit Verfahrensfragen vertraut. Die Tatsache, daß er gleichartige Einzelbuchstaben durch ein Vervielfältigungssystem und nicht mehr durch manuelle Einzelanfertigung gewinnen konnte, wäre als äußerer Anstoß vorstellbar.

Als *homo legens* kannte er Freud und Leid des Lesers handgeschriebener Codices ebenso wie die Probleme, sie herzustellen. Wir können uns voll und ganz den Ausführungen SCHMIDT-KÜNSEMÜLLERS anschließen[15]: »Den Gedanken des künstlichen Schreibens und auch des Druckens selbst als Verfahren hat es . . . lange

13. SCHREIBER, a. a. O., S. 49, ist der Meinung, Gutenberg sei sehr wohl zur Wallfahrt nach Aachen gegangen, um die hergestellten Spiegel zu verkaufen.
14. RUPPEL, a. a. O., S. 18–20.
15. SCHMIDT-KÜNSEMÜLLER, a. a. O., S. 20.

vor Gutenberg gegeben. Und so ist es denn schon richtig, wenn man sagt, daß Gutenberg den Buchdruck nicht habe zu erfinden brauchen, sofern wir darunter allein die Möglichkeit irgend einer Art der Schriftvervielfältigung auf einem durch die Buchform geforderten Material verstehen. Das scheinbare Paradoxon klärt sich sofort, wenn wir mit dem Begriff des Buchdrucks die Vorstellung eines wirtschaftlich rationellen, technisch selbständigen und inhaltlich unbegrenzten Herstellungsverfahrens des gedruckten Buches verbinden. Denn das ist es ja doch, was wir meinen, wenn wir von Gutenbergs Erfindung sprechen, ein technisch-geistiger Komplex, der tatsächlich in keiner Form vor ihm bestanden hat, und daher sein Eigentum, seine ›Erfindung‹ ist.«

Wenn wir auch annehmen müssen, daß den Erfinder vom gesamten Umfang der zur Realisierung seines Vorhabens zu bewältigenden Arbeit zunächst der technische Komplex bewegte (z.B. die Erkenntnis, daß sein bisher angewendetes Verfahren zur Buchstabenherstellung viel zu langsam und zu kompliziert war), so dürfen wir doch – unter Berücksichtigung seiner Persönlichkeit und seines großen Werkes, der B 42 – annehmen, daß er sehr bald auch die Vielzahl der anderen formalen und sachlichen Probleme erkannte.

Wir wissen, daß Gutenberg 1444 zum letztenmal in Straßburg seine jährliche Weinsteuer bezahlte, und daß er im Oktober 1447 erstmals wieder in einer Mainzer Urkunde, einem Darlehnsvertrag, erwähnt wurde. Dem ›Helmaspergerschen Notariatsinstrument‹ von 1455 zufolge hat Gutenberg Mitte 1450 die ersten 800 Gulden Kapital als Darlehen von Johannes Fust aufgenommen[16]. Ferner ist belegt, daß Gutenberg bis 1457 jedes Jahr pünktlich die Zinsen für das Darlehen von 1442 an das Straßburger Thomas-Stift bezahlte[17].

Die Datierung der frühesten Drucke ist für diese Ausführungen ohne Belang. Es genügt die Feststellung, daß Gutenberg 1450 dem Johannes Fust bereits überzeugende Beweise für die Realisierbarkeit seines Vorhabens vorgelegt haben muß, um diesen erfahrenen Geschäftsmann zur Hergabe eines so hohen Geldbetrages zu veranlassen. Aus diesen Tatsachen kann gefolgert werden, daß sich Gutenberg seit Anfang der vierziger Jahre mit seiner letzten und größten Erfindung befaßte und sie um 1450 vollendete.

6

Nur ein einziger Hinweis könnte Rückschlüsse auf Gutenbergs letzte Straßburger Jahre zulassen und die These stützen, daß sich Gutenberg seit etwa 1442 mit ersten

16. RUDOLF BLUM: *Der Prozeß Fust gegen Gutenberg.* Wiesbaden 1954. (Beiträge zum Buch- und Bibliothekswesen. Bd. 2.) S. 19 f.

17. RUPPEL, a. a. O., S. 19.

Überlegungen und Experimenten für den Buchdruck befaßte. In Avignon fanden sich Notariatsakten über mehrere Verträge, in welchen sich der Gold- und Silberschmied Prokop Waldfoghel aus Prag verpflichtete, eine ›ars artificialiter scribendi‹ zu lehren. Wenn es nur um diesen Begriff ginge, würde keinerlei Grund bestehen, Waldfoghel zu erwähnen, denn SCHMIDT-KÜNSEMÜLLER und andere haben nachgewiesen, daß der Gedanke längst umging. Interessant wird die Aussage durch die Aufzählung von Werkzeugen, welche Waldfoghel gemäß einer Urkunde vom 4. 7. 1444 besaß[18]: 2 Alphabete aus Stahl, 48 Zinnformen, verschiedene andere Formen, darunter 2 aus Eisen und eine Spindel aus Stahl. In anderen Urkunden werden außerdem weitere dazugehörige Werkzeuge aus Holz, Zinn, Kupfer, Messing, Blei aufgeführt.

RUPPEL zeigt verschiedene persönliche und zeitgleiche Zusammenhänge zwischen Straßburg und Avignon auf, welche irgendeine, wenn auch noch unbekannte Verbindung zwischen Gutenberg und Waldfoghel denkbar erscheinen lassen. Waldfoghels Werkzeuge stimmen mit Gutenbergs Werkzeugen für die Punzenvervielfältigung überein: Die zwei Alphabete aus Stahl wären demzufolge die gravierten Buchstabenstempel (vgl. Abbildung 7). Die zwei eisernen Formen müßten die beiden Winkel im Unterteil einer Presse gewesen sein (vgl. Abbildung 3). Das Unterteil selbst wäre durch die Erwähnung von Werkzeug aus Holz belegt. 48 Zinnformen könnten mit Hilfe der Buchstabenstempel geprägte Buchstabenpunzen sein. Die Spindel gehörte zur Presse, ebenso andere Teile aus Holz. Kupfer und Messing wären entweder als zur Presse oder zur Herstellung der Buchstabenpunzen gehörend, anzusehen.

Diese Werkzeuge, zusammen mit dem Anspruch, die Kunst des künstlichen Schreibens zu lehren, bestätigen und bekräftigen die Vermutung einer Verbindung zu Gutenberg – ob mit oder ohne sein Wissen und seinen Willen.

Wenn Gutenberg 1442 mit 80 Pfund Denare die ersten praktischen Experimente für sein neues Ziel begann, dann hatte er auch eine Bezeichnung dafür. Der Begriff ›Kunst des künstlichen Schreibens‹ lag nahe und sagte dennoch nichts Genaues aus. Seine Mitgesellschafter kannten die Technik der Punzenvervielfältigung, welche inzwischen gar kein Geheimnis mehr zu sein brauchte oder überhaupt bereits zum Erliegen gekommen war.

So könnten Name und Technik auf Waldfoghel gekommen sein. Die Möglichkeit, seine Metallbuchstaben mittels einer Farbe auf Papier zu stempeln, wird jedem seiner Schüler eingeleuchtet haben. Er, der Graveur, wollte ja vor allem möglichst häufig die Werkzeuge verkaufen, die er herstellte, wodurch er also »genau das Gleiche machte, was Gutenberg einige Jahre vorher in Straßburg tat«. Ob er seinen Schülern auch eine Anwendungsmethode zeigte oder ob er ihnen die Möglichkeiten nur beschrieb und

18. RUPPEL, a. a. O., S. 195.

ihnen die Realisierung selbst überließ, wissen wir nicht. Typographische Druckerzeugnisse aus der Gegend von Avignon wurden aus dieser Zeit bis jetzt nicht aufgefunden. Wie könnte diese früheste Stufe des Textdrucks ausgesehen haben?

Waldfoghel wie Gutenberg könnten zunächst versucht haben, Einzeltypen mit dem bekannten Abdruckverfahren von Holzschnitten zu kombinieren. In diesem Falle mußte man die Buchstaben zu einer Zeile zusammenfügen und diese in einen vorher aus der Holzplatte ausgesägten waagerechten Schlitz einsetzen. Um eine ganze Textseite zu bekommen, wären also soviele Schlitze wie Zeilen anzubringen. Je größer die Buchstaben waren, desto breiter mußten auch die Holzstege zwischen den Schlitzen sein, um jeder Schriftzeile den erforderlichen Halt zu geben und nicht zu brechen. Wegen der vielen Ungenauigkeiten der Einzeltypen, des Zeilensatzes und einer derartigen Anordnung in Zeilenschlitzen von Holzplatten, ferner wegen des wahrscheinlich von Hand als Reiberdruck bewerkstelligten Abdruckes würden derart gedruckte Blätter wie Holzschnitte aussehen, zumal sogar Text und Bild in einem Abdruck von einer Holzplatte auf ein Blatt abgerieben werden konnten. Ein solches Blatt könnte nur durch gewissenhaften Vergleich einzelner, das heißt durch das Auffinden absolut gleichgeformter Buchstaben, als ganz frühe typographische Druckversuche identifiziert werden – und zwar aus Avignon.

Nach allem, was man über Gutenberg weiß, dürfte dieser, wenn er überhaupt solche Versuche gemacht haben sollte, freiwillig ein solches Blatt nicht aus der Hand gegeben haben, da es niemals den qualitativen Vergleich mit einem handgeschriebenen Codex-Blatt ausgehalten haben konnte.

Zusammenfassend zeigt dieser Versuch einer neuen Erklärung der Gutenbergschen ›Künste‹ vor allem, daß man aus den archivalischen Nachrichten von Straßburg und Avignon (1436/37–1446) die Punzentheorie ebenso ablesen kann, wie eine Theorie erster Druckversuche.

In dieser Reihenfolge ergibt sich sogar eine genetische Entwicklung, und zwar in geistiger wie in technischer Hinsicht. Wenn man der Theorie von Straßburger Druckversuchen um 1438/39 folgt, so muß man die Voraussetzungen in den Jahren zuvor suchen. Ist das schon einmal geschehen? Ich glaube nicht. Die aufgezeigte hypothetische Annahme dagegen weist auf einen denkbaren Weg hin, der von handwerklicher Betätigung über erste Erfahrungen mit maschinenähnlichen Werkzeugen, Serienproduktion und Verfahrensfragen bis zur Synthese zwischen Metalltechnik und Papier- beziehungsweise Buchbearbeitung führt, welche das entscheidend Neue und der Angelpunkt für die Erfindung des Buchdrucks war. Die These erklärt ferner, warum keine typographischen Drucke zu finden sind, die früher, als allenfalls gegen Ende der vierziger Jahre, denkbar wären. Wären die für 1438/39 bezeugten Werkzeuge und Vorrichtungen für Druckversuche erdacht, erstellt und benutzt worden, hätte Gutenberg also zu jener Zeit bereits gewußt, was er erreichen wollte, dann müßten sich noch typographische Drucke aus der ersten Hälfte der vierziger Jahre finden. Dann aber wäre Mainz nicht der Ort, in dessen Mauern die Druckkunst geboren wurde. Beschritt Gutenberg jedoch seinen endgültigen Weg erst zu Anfang der vierziger Jahre[19] – vielleicht 1442 –, dann müßten die vorherigen Straßburger Gerätschaften zu anderen Zwecken benutzt worden sein; Mainz bliebe erster Druckort, und die weitere zeitliche und sachliche Entwicklung würde eine neue Bestätigung erfahren.

Was erfand Gutenberg in Straßburg? Jeder Druckhistoriker hat sich diese Frage vorgelegt; viele haben sie bearbeitet. Als Resultat ist nicht mehr und nicht weniger als eine Hypothese zu erwarten, denn die archivalischen Nachrichten lassen keine eindeutigen Interpretationen zu. Der vorliegende Überblick über eine bisher noch nicht versuchte Interpretation ist als Anregung gedacht, die vorhandenen Quellen einmal unter einem anderen Aspekt sorgfältig zu prüfen. Vielleicht hält diese neue Hypothese kritischer Betrachtung stand.

19. In der Kölner Chronik von 1499 wird das Jahr 1440 für die Erfindung des Buchdrucks genannt. Auch SCHREIBER ist der Ansicht, daß Druckversuche vor 1440 unwahrscheinlich seien (a. a. O., S. 49 f.).

WEITERE BENUTZTE LITERATUR

FRANZ MARIA FELDHAUS: *Die Technik der Vorzeit, der geschichtlichen Zeit und der Naturvölker.* 2. Aufl. München 1965.

OTTO W. FUHRMANN: *Gutenberg and the Strasbourg Documents of 1439.* New York 1940.

KONRAD HAEBLER: *Schriftguß und Schriftwandel in der Frühdruckzeit.* In: Zentralblatt für Bibliothekswesen. 41. 1924, S. 81–104.

ALOYS RUPPEL: *Die Technik Gutenbergs und ihre Vorstufen.* Düsseldorf 1961.

ALOYS RUPPEL: *Wer war der wirkliche Erfinder der Buchdruckerkunst?* Mainz 1964. (Kleiner Druck der Gutenberg-Gesellschaft. 75.)

KARL SCHORBACH: *Die urkundlichen Nachrichten über Johann Gutenberg.* In: Festschrift zum Fünfhundertjährigen Geburtstag von Johann Gutenberg. Mainz 1900, S. 133–256.

ANMERKUNGEN

Der vorstehende Beitrag erschien zuerst im Gutenberg-Jahrbuch 1970, S. 56–72. Wie an verschiedenen Stellen vermerkt, ging ich von folgenden Voraussetzungen aus. 1. Gutenberg betrieb in Straßburg zwei verschiedene Firmen mit grundlegend verschiedenen Geschäftszwecken: a) Herstellung von Spiegel-Devotionalien, b) ? 2. Die Wahrscheinlichkeit, daß sich die zweite Gesellschaft mit Versuchen in Richtung auf das spätere Buchdruck-Verfahren befaßte, ist außerordentlich gering. 3. Auch die Möglichkeit einer Punzenproduktion besitzt nur hypothetischen Wert; immerhin paßt sie technologisch wie sinngemäß zwischen die Devotionalienherstellung und die Buchdruck-Technologie. Zu allererst sollte meine Hypothese aber endgültig Schluß machen mit der aus retrospektiver Betrachtungsweise resultierenden Annahme von Straßburger Druckversuchen Gutenbergs. Daß die überlieferten Prozeßakten keine eindeutigen Schlüsse zulassen, dürfte nun hinlänglich erwiesen sein, wenn man bedenkt, daß bisher gleichermaßen Anhaltspunkte für die Techniken der Punzenherstellung, der Devotionalienproduktion, des Buchdrucks und des Kupferdrucks daraus gewonnen worden sind. (Zum Aachenspiegel-Unternehmen vgl. KURT KÖSTER: *Gutenberg in Straßburg.* Mainz 1973 [Kleiner Druck der Gutenberg-Gesellschaft. 93] – Zum Kupferdruck vgl. HELLMUT LEHMANN-HAUPT: *Gutenberg und der Meister der Spielkarten.* In: Gutenberg-Jahrbuch 1962, S. 360–379; DERS.: *Gutenberg and the Master of the Playing Cards.* New Haven London 1966. Weitere Literatur bei FRIEDRICH ADOLF SCHMIDT-KÜNSEMÜLLER: *Gutenbergs Schritt in die Technik.* In: Der gegenwärtige Stand der Gutenberg-Forschung. Hrsg. von HANS WIDMANN. Stuttgart 1972 [Bibliothek des Buchwesens. 1], S. 141 f.).

Die kritischen Äußerungen von KURT KÖSTER (Ebd., S. 75) und F. A. SCHMIDT-KÜNSEMÜLLER (Ebd., S. 129) gegenüber meiner Punzen-Theorie zeigen, daß ich – wahrscheinlich nicht nur von den beiden Genannten – im technischen Detail mißverstanden wurde. Darum seien mir hier noch folgende Anmerkungen gestattet.

1. Gold- und Waffenschmiede, Siegel- und Münzenhersteller, Zinngießer und Buchbinder verwendeten bereits vor dem 15. Jahrhundert in großem Umfange Schlagpunzen (-Stempel) zur Anbringung von Buchstaben, Wörtern, Dekorationen auf den von ihnen hergestellten Gegenständen. Unter einer Punze versteht man ein Metallstäbchen (etwa in Größe und Form der Hälfte eines Bleistiftes), auf dessen Spitze das gewünschte Zeichen erhaben und seitenverkehrt von Hand eingraviert ist. Der Handwerker setzt die Punze mit dem Zeichen an der gewünschten Stelle auf und treibt das Zeichen durch behutsame Hammerschläge auf das stumpfe Ende des Stäbchens in sein Werkstück ein. So reiht er mit verschiedenen Punzen verschiedene Zeichen aneinander. Ich habe darauf aufmerksam gemacht, daß selbst bei vergleichsweise langsamer Produktion und geringen Stückzahlen pro Motiv (Zeichen) die Vervielfältigung eines zu diesem Zweck besonders gravierten Spezialstempels mittels Presse und entsprechender Vorrichtungen bedeutend rascher vonstatten geht, also rentabler ist, als das manuelle Gravieren jedes einzelnen Stückes. Zudem läßt sich der Spezialstempel immer wieder verwenden.

2. Die Hypothese schließt ein, daß der einzige Geschäftszweck der zweiten Straßburger Gesellschaft die beschriebene neuartige Herstellung und der (erfolgreiche) Verkauf derartiger Schlagpunzen für die oben genannten Zwecke gewesen sein könnte.

3. Allenfalls könnte die Punzenproduktion Gutenberg auf erste Gedanken in Richtung auf den Buchdruck gebracht haben. Jede Punze – ganz gleich, ob sie von Hand graviert oder nach meiner Theorie mit Hilfe einer Presse hergestellt ist – trägt das Zeichen seitenverkehrt und erhaben auf ihrer Spitze. Sie gleicht somit vom Aussehen her sowohl dem gravierten *Schriftstempel* als auch der gegossenen *Type* der Buchdruck-Technologie. So konnte beispielsweise jeder Buchbinder (auch schon längst vor Gutenbergs Zeit) den Buchstaben auf der Punzenspitze einfärben und auf dem Buchdeckel abdrucken, statt ihn farblos einzudrücken.

ERGÄNZUNGEN

Seite 41 letzter Absatz: Zur Buchdruck-Technologie, die spätestens in der letzten Phase des Drucks der B 42 in allen wesentlichen Teilen anwendungsreif gewesen sein muß, gehören folgende Elemente: 1. Schrift. a) Schriftentwurf, b) Gravieren der Schriftstempel, c) Herstellung der Matrizen, d) Gießinstrument, e) Typenguß, f) Typen. 2. Druckform. a) Setzen und Form machen, b) Druckplatten in der Form (z. B. Initialen), c) Korrekturen. 3. Presse. a) Die Presse selbst, b) Einfärben und Antrieb. 4. Papier und Farbe. 5. Das Druckverfahren, d. h. Druckvorbereitung, Druckvorgang, Behandlung der fertigen Drucke, Mehrfarbendruck, Vgl. CLAUS W. GERHARDT: *Der Buchdruck. Geschichte der Druckverfahren T. II.* Stuttgart 1975 (Bibliothek des Buchwesens, hrsg. von H. WIDMANN. 3), S. 14–23.

Fußnote 8: Zum Thema der Aachener Heiltumsspiegel mit besonderem Bezug zu Gutenbergs Straßburger Tätigkeit ist ausdrücklich auf KURT KÖSTERS Spezialforschungen hinzuweisen: *Gutenberg in Straßburg.* Wiesbaden 1973 (Eltviller Drucke. 22), zugleich Mainz 1973 (Kl. Druck der Gutenberg-Gesellschaft. 93), hier weitere Literaturangaben.

Seite 48 unten: ›Trucken‹ bedeutete vom 14. bis 18. Jahrhundert auch prägen, pressen und sogar abformen. (Nachweise bei KÖSTER: *Ebd.*, S. 66–68). ›Trucken‹ für abformen um 1500 im Papiermaché-Rezept des Rezeptbuchs des Nürnberger Katharinen-Klosters. Im vollen Wortlaut bei EMIL ERNST PLOSS: *Ein Buch von alten Farben.* 2. unveränd. Aufl. München 1967, S. 101–125.

Seite 49, 2. Absatz: »Wir wissen absolut sicher, daß weder die zeitgenössischen Aachener Spiegeldevotionalien noch damalige Pilgerzeichen überhaupt jemals eine auf diese Art und Weise anzubringende ›Betextung‹ aufgewiesen haben.« (KÖSTER: *Ebd.*, S. 75).

Fußnote 12: Weitere Nachweise für den massenhaften Zustrom von Pilgern nach Aachen in jener Zeit bietet KÖSTER (*Ebd.*, S. 22 f.) durch Hinweis auf seine Veröffentlichung: *Mittelalterliche Pilgerzeichen und Wallfahrtsdevotionalien.* In: Rhein und Maas. Kunst und Kultur 800–1400. (Ausstellungskatalog) Köln 1972, S. 146–151 und Literatur-Zusammenstellung S. 160.

Seite 50 Mitte: Auch die Spiegelproduktion war eine geheimzuhaltende ›kunst und afentur‹, denn Gutenberg hatte ja »ein neues, der herkömmlichen Fertigungstechnik gegenüber viel rationelleres Herstellungsverfahren entwickelt«. KÖSTER: *Ebd.*, S. 66.

Die Zeichnung 4761 von Windsor. Ein neuer Gutenberg-Beleg

Der Flame JAN VAN DER STRAET (1523–1605)[1] ist einer breiteren Öffentlichkeit in den letzten Jahren wieder einmal bekannt gemacht worden durch je einen kommentierten Nachdruck der nach seinen Zeichnungen angefertigten und Anfang des 17. Jahrhunderts zweimal kurz nacheinander in Antwerpen herausgebrachten Kupferstichsammlung ›Nova Reperta‹[2].

Wieder einmal deshalb, weil sein europäischer Ruhm sich auch im 17. Jahrhundert ausschließlich auf diese Veröffentlichungen gründete, während seine anderen bedeutenden Arbeiten nur Fachleuten bekannt sind. Sein zeichnerisches Werk beispielsweise liegt unbearbeitet in den Graphischen Sammlungen der Uffizien und der Biblioteca Laurenziana in Florenz[3]. Es tröstet wenig, wenn man feststellt, daß ein Autor von Text oder Bild auch heute nur dann Erfolg und Nachruhm erwerben kann, wenn ein Verleger sich seiner Arbeiten annimmt – was nicht unbedingt von der Qualität, sondern öfter von Zufällen abhängt.

Jan van Straet war ein qualitätsvoller Zeichner[3]; von seiner Hand stammt auch das Blatt, das nach meiner Kenntnis bisher noch nie als Gutenberg-Beleg erwähnt worden ist. Der Grund dafür dürfte in dem Umstand zu finden sein, daß der Katalog LEO VAN PUYVELDES über die flämischen Zeichnungen auf Schloß Windsor aus dem Jahre 1942[4] die auf Gutenberg bezogene Inschrift nicht erwähnt und daß ferner gerade diese Inschrift auf den bekannten Kupferstichen[5] fehlt.

1. H. M. SCHWARZ: *Jan van der Straet.* In: Allgemeines Lexikon der bildenden Künstler, begr. von ULRICH THIEME, FELIX BECKER. Bd. 32. Leipzig 1938, S. 149 f.
2. *Nova Reperta,* gedruckt und verlegt bei Philippus Galle. Antwerpen, ohne Jahr. Hrsg. von HANS VOLLMER. Die komplette Serie des Originals besteht aus 20 Kupferstichen, davon 1 Titelblatt, gestochen von seinem Sohn Theodor Galle und Jan oder Johannes Collaert. FRIEDRICH KLEMM (s. Fußnote 8) schreibt Jan, LEO VAN PUYVELDE (s. Fußnote 4) schreibt Adrian, Stecherzeichen ist Jo. (s. Fußnote 13). Eine komplette Ausgabe befindet sich im Besitz der Bibliothek des Deutschen Museums, München. – Dem dortigen Direktor, Dr. E. Berninger, gilt mein herzlicher Dank für die freundlichen Auskünfte. – Die 2. Auflage brachte der Enkel des Philippus, Johannes Galle 1638 in Antwerpen unter dem Titel heraus: *Nova Reperta – Speculum diversarum imaginum speculativarum etc.*
3. GUNTHER THIEM: *Studien zu Jan van der Straet, genannt Stradanus.* In: Mitteilungen des Kunsthistorischen Instituts in Florenz. Bd. 8, 1958, S. 88–111. Hier findet sich S. 88–91 weitere Lit. zu Stradanus und *Nova Reperta.*
4. LEO VAN PUYVELDE: *The Flemish Drawings in the Collection of his Majesty the King at Windsor Castle.* London 1942.
5. s. Fußnote 2 und 13.

ABBILDUNG 1
Zeichnung Windsor 4761 Printers at Work.
Originalgröße 185 ×270 mm. Windsor Castle, England.

Abbildung 1 ist eine Fotografie der Zeichnung 4761 von Schloß Windsor, Abbildung 2 eine Vergrößerung der linken oberen Ecke dieser Zeichnung. Der Eintrag in Puyveldes Katalog lautet: »158. Jan van der Straet (Stradanus). (1523–1605). Printers at work. No. 4761. White paper, pen and dark brown ink, brown wash, heightened with white. 185 × 270 mm, mark GR.«[6].

Puyvelde schreibt ferner: »Above, on the left, a Latin inscription and the date 1550, written twice.« Dann folgt eine kurze Beschreibung. Die Zuweisung des unsignierten Blattes an Stradanus geht eindeutig auf die 20 Blätter der ›Nova Reperta‹ zurück, denn jedes dieser Kupferstichblätter trägt außer dem Stecher- und Verlegervermerk den Vermerk »Ioan. Stradanus invent«. Die Titelblätter beider Auflagen geben darüber hinaus zusätzlich an: »I. STRAD. INVENT. DD.«

6. GR. als Farblosprägung nachträglich unten rechts angebracht weist auf den Besitzer King George hin. (Georg Rex.)

ABBILDUNG 2
Vergrößerung der linken oberen Bildecke von Abbildung 1

Problematisch erscheint zunächst die Lesung und Deutung der Jahreszahl. Puyvelde meint, die Jahreszahl 1550 müsse nicht zwangsläufig das Entstehungsjahr bezeichnen, sondern könne auch später hinzugefügt worden sein. THIEM[7] hält sie sicher für die Datierung. FRIEDRICH KLEMM[8] meint, die Zeichnung sei – wie auch die anderen – »in den siebziger, achtziger Jahren des 16. Jahrhunderts« entstanden, gibt jedoch dafür leider keine Begründung.

Wenngleich zugegeben werden muß, daß die Ziffern in mittelalterlichen und auch späteren Handschriften oft nur schwer eindeutig zu lesen sind, so scheint mir doch die Lesung 1550 in diesem Falle aus mehreren Gründen unzutreffend zu sein. Sowohl der

7. THIEM, a. a. O., S. 91. Vgl. auch Fußnote 11.

8. *Stradanus, Neue Entdeckungen und Erfindungen,* hrsg. von HOPPENSTEDTS Wirtschaftsarchiv GmbH., Einleitung und Bildererläuterungen von FRIEDRICH KLEMM. Darmstadt 1958. 23 ungezählte Blatt, davon 20 Abbildungen (vgl. Fußnote 2) und 2 S. Literatur. (Vorlage der Abb. ist die Originalausgabe von Fußnote 2, dritte Textseite.)

ABBILDUNG 3
Zeichnung Windsor 4760 Engravers at Work.
Originalgröße 187 × 275 mm.
Windsor Castle, England.

Mainzer Paläograph Prof. Dr. JOSEF JOACHIM MENZEL (vom Historischen Seminar der Universität) als auch der inzwischen verstorbene Direktor des Instituts für Buchwesen der Universität Mainz, Prof. Dr. HANS WIDMANN, lesen mit mir eindeutig 1440. Darüber hinaus steht die untere Jahreszahl nicht allein, sondern erscheint zusammen mit dem Namen MOGUNTIAE. Die obere Jahreszahl wiederum entspricht genau der unteren, und zwischen beiden schließlich liest man auf dem Kapitell und im Arkadenbogen den entscheidenden (trotz des halsbrecherischen

ABBILDUNG 4

Sculptura in Aes. Kupferstich ohne Stechervermerk nach einer Zeichnung von Jan van der Straet aus Nova Reperta I. Auflage, Originalgröße mit Plattenrand 200 × 270 mm.
Bibliothek des Deutschen Museums, München.
(Zum Vergleich mit Abbildung 1 erfolgt die Wiedergabe dieses Bildes seitenverkehrt, vgl. Fußnote 14).

Lateins unmißverständlichen) Text: »Io: Gutembergius Argentinensis. Sigilla fumus atra Paginae Imprimens Librorum dat usque mille millium Agmina.« (Joh. Gutenberg aus Straßburg. Indem er die kleinen Zeichen so schwarz wie der Rauch auf die Seiten druckte, gab er den Büchern die tausendfache Menge.)

Im Zwickel der Arkade oberhalb des Kapitells sieht man einen Mann in langem Gewand mit bedecktem Haupt auf einem Sessel an einem Tisch sitzen. Vor ihm steht ein Gefäß, aus welchem nach oben ein Lichtschein leuchtet. Seine rechte Hand ruht auf einem größeren Gegenstand, der auf dem Tisch liegt, die linke ist erhoben und hält einen kleineren Gegenstand über die Öffnung des Gefäßes. Der Stecher, der das Blatt für die ›Nova Reperta‹ gestochen und dabei Text und Jahreszahlen fortgelassen hat, gab die Szene ein wenig deutlicher wieder: hier erkennt man, daß der Mann einen Vollbart trägt und daß die Hand auf einem aufgeschlagenen Buche ruht. Der Versuch zu klären, was der Mann tut (ob er vielleicht mit der linken Hand aus einer Kelle flüssiges Gießmetall durch einen Trichter in ein Gießinstrument, das er mit der Rechten auf dem Tisch festhält, gießt), erscheint mir aussichtslos und außerdem müßig. Text, Jahreszahl und die Symbolik der Szene mit dem Mann (für: Gutenberg), dem Feuerschein (für: flüssiges Metall ebenso wie für den zur Herstellung der schwarzen Farbe erforderlichen Ruß, wie für das Licht, das er mit seiner Erfindung in die unwissende Welt gebracht hat) und möglicherweise das Buch auf dem Tisch, genügen vollständig für eine eindeutige Aussage: hier wird in dem Buch der großen Erfindungen und Entdeckungen[9] eine komplette zeitgenössische Buchdruckerei dargestellt und mit der symbolisch über dem Kopf des Druckherrn angebrachten illuminierten Inschrift des Erfinders der Druckkunst gedacht.

An diesem Ort erscheint es ausreichend, auf die Einzelheiten lediglich hinzuweisen, ohne sie einzeln zu belegen: 1. auf die vielfach belegte Datierung und Lokalisierung ›Mainz 1440‹; 2. auf die ebenfalls mehrfach vorkommende Formulierung ›Gutembergius Argentinensis‹ und 3. auf die technische Stichhaltigkeit des Kurztextes, welcher das Wesen der Erfindung und deren Bedeutung charakterisiert. Lediglich die Formulierung als solche ist neu und könnte von Stradanus selbst stammen, denn dieser kannte alle Vervielfältigungstechniken seiner Zeit genau.

Jan van der Straet wurde 1523 in Brügge geboren. Er lernte bei Pieter Aertsen und wurde – einer Urkunde zufolge – 1545 Freimeister der Antwerpener Lukasgilde[10]. Noch vor 1550 soll er nach Italien gekommen sein. Wiederholt bereiste er das Land bis nach Neapel und machte dann Florenz zu seiner zweiten Heimat, wo er 1605 als Akademie-Mitglied starb und beigesetzt wurde.

Die intime Kenntnis der Drucktechniken, die Tatsache, daß er überwiegend als Entwerfer arbeitete, sowie sein Lebensweg, hängen unmittelbar mit der Frage der Datierung der Buchdruckerei-Zeichnung zusammen. In Windsor befindet sich nämlich noch eine zweite, ähnliche Zeichnung Jan van der Straets, welche Puyvelde in Analogie zu ›Printers at work‹ mit ›Engravers at work‹[11] (Abbildung 3) kennzeichnet, und zu ›Nova Reperta‹ gehört noch eine dritte Druckerei-Abbildung des Stradanus

9. Vgl. Titel der 2. Auflage von 1638 (Fußnote 2).

10. Thiem, a. a. O., S. 89, Fußnote 2.

11. »157. Jan van der Straet (Stradanus). (1523–1605). Engravers at Work. No. 4760. White paper, pen and dark brown ink, brown wash heightened with white. 187 × 275 mm, mark GR.«

mit dem Titel ›Sculptura in Aes‹ (Abbildung 4). Während der Originaltitel des dritten Blattes, dessen Vorzeichnung noch nicht aufgefunden wurde, gerechtfertigt ist, weil Kupferstecher und Kupferdrucker mit Walzenpressen abgebildet sind, hat Puyveldes Titel zum zweiten Blatt Verwirrung gestiftet. Diese Windsor-Zeichnung zeigt nämlich eine Holzschneide- und Druckwerkstatt, in welcher Formschneider bei der Arbeit zu sehen sind, rechts (hinten) und links (vorn) flankiert von je einer Tiegelpresse mit Druckern.

Das englische »to engrave« steht ganz allgemein für eingraben, gravieren, stechen. Kupferstechen heißt »to engrave on copper«, Steingravieren heißt »to engrave on stone«. »The engraving« ist ebenso Kupfer- und Stahlstich wie auch Holzschnitt. Kupferstecher in einer Buchdruck-Offizin sind auf einem derartigen Blatt und in dieser Reihe, in der es ja je ein Blatt für Buchdruckerei und Kupferdruckerei bereits gibt, mit Sicherheit nicht gemeint. Ebenso könnten niemals Kupferplatten der gezeichneten Größe auf Spindelpressen des gezeichneten Formats abgedruckt werden, wie ich kürzlich näher erläutert habe[12]. Dennoch muß es gerade diese Zeichnung gewesen sein, welche FRIEDRICH LIPPMANN in den Glauben versetzte, man habe in der Frühzeit für beide Druckverfahren eine und dieselbe Presse (nämlich die Tiegelpresse) benutzt[13].

So genau nun in technischer Hinsicht Jan van der Straet alle drei Werkstätten, die Ausrüstung und die Tätigkeit gezeichnet hat, so muß dennoch ihm oder seinem Verleger Philippus Galle ein Zweifel an der Eindeutigkeit dieses Blattes als Holzschneide- und Druckwerkstatt gekommen sein, denn es wurde nicht in die Sammlung ›Nova Reperta‹ aufgenommen und erscheint demnach auch nicht in den beiden neueren Nachdrucken[14].

12. CLAUS W. GERHARDT: *Warum wurde die Gutenberg-Presse erst nach über 350 Jahren durch ein besseres System abgelöst?* In: Gutenberg-Jahrbuch 1971, S. 43–57 und Nachtrag *ebd.*, S. 50.

13. FRIEDRICH LIPPMANN: *Der Kupferstich.* 7. Aufl. Berlin 1963, S. 12: »Jedenfalls unterscheiden sich die beiden Pressen [gemeint für Buch- und Kupferdruck] in der Frühzeit nicht von einander, wie eine Zeichnung des Jan van Straeten (sic) (Stradamus) (sic) in Windsor zeigt.«

14. In der Sammlung in Windsor Castle befinden sich die beiden Zeichnungen »Printers at Work« No. 4761 und »Engravers at Work« No. 4760. Die Zeichnung »Sculptura in Aes« befindet sich dort nicht. Daß die Zeichnung Windsor 4760 die Vorlage für den Stich »Sculptura in Aes« ist – wie Puyvelde behauptet –, ist vollständig auszuschließen, wie jedermann beim Vergleich der beiden Fotos Abb. 3 und 4 feststellen wird. Durchschnittliche Größe der Zeichnungen 185 × 275 mm. Die für die beiden Auflagen von Nova Reperta benutzten Kupferplatten tragen unter der Abb. zusätzlich einen lat. Text. Ihre durchschnittliche Höhe ist folglich etwas höher und mißt 200 × 270 mm. Da die Buchdrucker-Werkstatt im Kupferstich seitenverkehrt wiedergegeben ist, habe ich auch zum besseren Vergleich, »Sculptura in Aes« im Photo kontern lassen. Die Zeichnung »Engravers at Work« wurde nicht in Nova Reperta aufgenommen. Infolgedessen erscheint sie auch nicht in den beiden neueren Nachdrucken von HOPPENSTEDT/KLEMM, a. a. O., und *Ioannes Stradanus (Nova Reperta): New Discoveries. The*

Alle drei Blätter bilden thematisch wie stilistisch eine Serie. GUNTHER THIEM hat Recht, wenn er vom »erzählfreudigen Antwerpener Manierismus« spricht[15] und den Ausblick »auf ein nordisches Stadtbild mit Giebeldächern und Spitztürmen« auf dem Buchdruckerei-Blatt hervorhebt. Am Beispiel anderer Blätter weist THIEM ferner nach, daß Stradanus den Manierismus um 1590 endgültig überwunden hat und nun sehr rasch »die Schwelle zum Barock« erreicht[16]. Wann also ist die Datierung der Druckerei-Serie und somit auch des Gutenberg-Belegs anzusetzen? Ich würde davon ausgehen, daß zwischen dem Auftrag oder Plan zu einer Sammlung wie ›Nova Reperta‹ und der ersten Publikation nicht viel mehr als fünf Jahre gelegen haben werden.

Der Verleger PHILIPP GALLE lebte von 1537–1612. Sein Sohn THEODOR, welcher 9 Zeichnungen und das Titelblatt stach, muß wohl wenigstens 18 oder 19 Jahre alt gewesen sein, bevor er diese Arbeit übernehmen konnte. Da er 1571 geboren ist, käme man auf 1590. JAN (HANS) COLLAERT, welcher die übrigen Blätter stach, ist früher, nämlich 1566 geboren. Rechnet man die oben vorausgesetzten 5 Jahre von 1590 zurück, so wäre die Entstehungszeit der Zeichnungen auf die Mitte der achtziger Jahre anzusetzen. Stilkritisch ergäbe sich eine Bestätigung dieser Datierung, welche noch durch den letzten zusammenhängenden Aufenthalt Jan van der Straets in Flandern von 1576–1578 gestützt würde[17]; denn es ist denkbar, daß er in dieser Zeit sowohl durch seinen künftigen Verleger als auch durch das blühende Druckgewerbe seiner Heimat dazu angeregt worden sein könnte. Die politischen Wirren, welche besonders Antwerpen betrafen, mögen dann noch zu einer Verzögerung geführt haben, so daß das Werk dann doch erst im letzten Jahrzehnt des 16. Jahunderts erscheinen konnte.

Obwohl der vorgestellte Beleg mit seiner Entstehungszeit um 1580/90 mehr als hundert Jahre nach Gutenbergs Tod liegt, gehört er zu den eindrucksvollen und überzeugenden Zeugnissen für die Erfinderschaft und den Ort der Erfindung.

Sciences, and Discoveries of the Middle Ages and the Renaissance as Represented in 24 Engravings issued in the early 1580's by Stradanus. Norwalk, Conn. USA 1953. 24 ungezählte Blatt. Den Begleittext schrieb BERN DIBNER. Der Originalserie wurden 4 Stiche hinzugefügt.

15. THIEM, a. a. O., S. 91.

16. THIEM, a. a. O., S. 108.

17. THIEM, a. a. O., S. 98.

ERGÄNZUNGEN

Zu dem vorstehend beschriebenen Fund kam es im Jahre 1971 bei der Materialsammlung zu meiner Geschichte des Buchdruckverfahrens. Die Veröffentlichung erfolgte im Gutenberg-Jahrbuch 1972, S. 44–49.

Für Einzelheiten bezüglich der Tiegelpresse (für den Buchdruck) und der Walzenpresse (für den Kupferdruck) sei auf den in diesem Sammelband später folgenden Beitrag über die Gutenberg-Presse verwiesen sowie auf C. W. GERHARDT: *Prägedruck und Siebdruck. Geschichte der Druckverfahren T. I.* Stuttgart 1974 (Bibliothek des Buchwesens, hrsg. von Hans Widmann. 2), S. 43 f., 105–109 bes. Fußnote 292 und DERS.: *Der Buchdruck. Geschichte der Druckverfahren T. II.* Stuttgart 1975, S. 40–43, 62–66, 72–74, 105–110.

Technikgeschichtliche Bemerkungen zu den Schlußschriften zweier Mainzer Frühdrucke

Die Aufhellung des Zustands der Buchdruck-Technologie im Jahre 1456[1] – also nach Abschluß des Drucks der B 42 und in der Anfangsphase der Herstellung des Psalterium Moguntinum – ist eines der Ziele der Gutenberg-Forschung. Das vorhandene Quellenmaterial beschränkt sich auf die Druckwerke selbst und einige wenige schriftliche Zeugnisse. Um Erkenntnisse aus den Drucken zu gewinnen, bedarf es spezieller technikgeschichtlicher Einsichten; die Deutung der schriftlichen Quellen ist ein philologisches Problem, das durch die Uneinheitlichkeit und Lückenhaftigkeit der in der Frühdruckzeit benutzten technischen Terminologie erheblich erschwert wird.

Ausgehend von der Annahme, daß ein einheitlicher Sprachgebrauch am ehesten in einem engen geographischen Raum und innerhalb einer möglichst kurzen Zeitspanne – also womöglich bei einem bestimmten Personenkreis – vermutet werden darf, sollen einmal mehr die Mainzer Schlußschriften von 1457 und 1460 betrachtet werden. Als Grundlagen dienen mehrere vielbeachtete Veröffentlichungen zur Sprache des Frühdrucks von HANS WIDMANN[2] sowie eigene technikgeschichtliche Untersuchungen.

Zum Druck eines Werkes wie der B 42 muß die Buchdruck-Technologie bereits über einen praktikablen Zustand ihrer einzelnen Elemente verfügt haben. Es sind dies:

1. *Die Schriftherstellung:* Das Entwerfen jedes Buchstabens, das Gravieren des Stempels[3] (der Buchstabe steht seitenverkehrt erhaben auf der Spitze einer Punze), die Herstellung der Matrize und das Gießen der Typen aus der Matrize. Hier findet sich

1. CLAUS W. GERHARDT: *Der Buchdruck. Geschichte der Druckverfahren. T. II.* Stuttgart 1975 (Bibliothek des Buchwesens. Hrsg. von HANS WIDMANN. 3), Abschnitt I 3.
2. HANS WIDMANN: *Gutenbergs Wirken. Versuch eines Umblicks.* In: Der gegenwärtige Stand der Gutenberg-Forschung. Hrsg. von H. WIDMANN. Stuttgart 1972 (Bibl. des Buchwesens. 1), S. 1–47. – DERS.: *Die Übernahme antiker Fachausdrücke in die Sprache des Frühdrucks.* In: Antike und Abendland 20. 1974, S. 179–190. – DERS.: *Vom Nutzen und Nachteil der Erfindung des Buchdrucks – aus der Sicht der Zeitgenossen des Erfinders.* Mainz 1973 (Kleiner Druck der Gutenberg-Gesellschaft. 92). – DERS. in: *Gutenberg-Jahrbuch 1976,* S. 96ff.
3. In der Buchdruck-Technologie bezeichnet man mit Stempel: eine Stahlpunze, die einen seitenverkehrten, erhaben gravierten Buchstaben auf ihrer Spitze trägt; mit Matrize: eine kleine Metallplatte – meist aus Kupfer – in deren Oberfläche ein Schriftzeichen seitenrichtig eingetieft ist; mit Type: einen gegossenen Metallstab mit einem seitenverkehrten, erhaben geformten Schriftzeichen auf der Spitze. – In der allgemeinen Technologie bezeichnet man mit Punze: einen Eisen- oder Stahlstab mit einem

auch das Kernstück der gesamten Technologie, nämlich das Gießinstrument. Es ist das Resltat der Erfindung einer Möglichkeit, in relativ kurzer Zeit größere Stückzahlen jedes einzelnen Buchstabens – d. h. also Typen – herstellen zu können.

Dabei mußten alle Typen desselben Zeichens einander völlig gleichen; denn nur so waren sie beliebig untereinander austauschbar. Die hierzu erforderliche Genauigkeit des Schriftkegels, der Schrifthöhe, der Schriftweite und der Bildlinie ließ sich nur durch eine ›Vorrichtung‹ erreichen, eben das Gießinstrument mit der Matrize[4]. Stempel (und Punzen), Gießverfahren und Gießmetalle waren in anderen Handwerken längst vor Gutenbergs Erfindung bekannt. Das zu hütende Geheimnis lag ausschließlich in der Gieß-Vorrichtung.

2. Die Herstellung der Druckform: Hierfür mußten Geräte (Kästen, Rahmen, Schließzeug, Winkelhaken) und ein bestimmtes System der Anordnung und Befestigung der Typen in der Druckform (= ›das Setzen‹) entwickelt werden.

3. Eine für den besonderen Verwendungszweck geeignete Presse. 4. Papier und Druckfarbe[5]. 5. Das Druckverfahren, das die Druckvorbereitung, den Druckvorgang und die weitere Behandlung sowohl der erst einseitig als auch der fertig ausgedruckten Bogen umfaßte. Das Buchdruckverfahren ist – ebenso wie der Blockdruck – ein Hochdruckverfahren, das heißt der Buchstabe steht seitenverkehrt erhaben auf der Spitze (›Schulter‹) des Körpers der Type.

Die erste Schlußschrift in einem gedruckten Buch findet sich 1457 im Psalterium Moguntinum (Hain 13 479): *Praesens spalmorum* [sic] *codex . . . adinventione artificiosa imprimendi ac caracterizandi absque calami ulla exaracione sic effigiatus et ad eusebiam dei industrie est consummatus per Johannem Fust civem maguntinum et Petrum Schoffer de Gernszheim, anno domini Millesimo CCCCLVII in vigilia assumpcionis*[6]. (›Vorliegendes Psalmenbuch . . . ist durch die kunstvolle Erfindung

Zeichen auf der Spitze, das – je nach dem Verwendungszweck – seitenrichtig oder seitenverkehrt, erhaben oder vertieft ausgearbeitet sein kann; mit Patrize: ein Modell zur Erzeugung einer beliebigen Menge von Abformungen; die Patrize kann – je nach dem Verwendungszweck – erhaben oder vertieft gestaltet sein; mit Matrize das Gegenstück der Patrize, das – als Umkehrung der Patrize – folglich entweder erhaben oder vertieft ist.

4. Walter H. Cunz: *Was hat Gutenberg wirklich erfunden?* In: Der Druckspiegel 2.1947, Folge 9, S. 1: »Vorrichtungen sind technische Hilfsmittel, die dem jeweiligen Zweck angepaßt, es ermöglichen, einen Gegenstand bei immer gleichbleibender Genauigkeit beliebig oft und in kürzerer Zeit herzustellen, als dies bei der Einzelanfertigung möglich wäre.«

5. Auf nähere Erläuterungen zu Presse, Papier und Druckfarbe kann hier verzichtet werden. Verwiesen sei dafür auf meine Ausführungen in: *Geschichte der Druckverfahren.* Teil II (s. Fußnote 1), Abschnitt I3c und I 3 d.

6. In Faksimile wiedergegeben bei Ferdinand Geldner: *Die deutschen Inkunabeldrucker.* Bd. 1, Stuttgart 1968, S. 31.

des *imprimere ac caracterizare* ohne jede Anwendung eines Schreibrohrs so gestaltet und zum Preise Gottes mit aller Sorgfalt fertiggestellt worden durch Johannes Fust, Bürger zu Mainz, und Peter Schöffer aus Gernsheim im Jahre des Herrn 1457, am Vortag von Mariae Himmelfahrt‹ [d. h. am 14. August]. Übersetzung nach HANS WIDMANN[7]). Mit Widmann würde auch ich *caracterizare* als das ›Buchstabenformen‹ (= Typenherstellen) deuten. Was nun das vorausgehende *imprimendi* betrifft, so belegen die von ihm gebotenen Nachweise für den vorgutenbergischen Gebrauch des (lat.) Verbums *imprimere*[8] eindeutig die Bedeutung ›(ein)pressen‹, ›eindrücken‹. In der Buchdruck-Technologie gibt es tatsächlich einen Vorgang dieser Art: das zur Anfertigung der Matrize erforderliche kräftige *Eindrücken* (›Schlagen‹) des Buchstabenstempels in die kleine Kupferplatte. *Imprimere ac caracterizare* wäre demzufolge als ›Matrizeschlagen und Typen herstellen‹ zu interpretieren. Diese Formulierung kennzeichnet in der technisch richtigen Reihenfolge einerseits das Neue, verbirgt aber andererseits das Geheimnis; denn wer das Verfahren nicht kannte, konnte den technischen Vorgang, den – möglicherweise – die Autoren der Schlußschrift mit *imprimere* bezeichneten, nicht erraten. Die technologische Folgerichtigkeit wie auch die Tatsache, daß aus den folgenden drei Jahren noch zwei weitere unterschiedliche Formulierungen Mainzer Ursprungs bekannt sind, die den gleichen Zweck verfolgten (nämlich eine Aussage zu machen und trotzdem das Geheimnis zu wahren), könnte diese Interpretation rechtfertigen. Beide Zeugnisse belegen darüber hinaus, daß *imprimere* gleichzeitig auch im (übergeordneten) Sinne von ›drucken‹ verwendet worden ist[9].

Mit ›drucken und Typen herstellen‹ kann jedoch *imprimere ac caracterizare* unmöglich übersetzt werden; denn wer hätte besser als FUST und SCHÖFFER gewußt, daß man zuerst die Typen anfertigen mußte, bevor man damit drucken konnte? Hingegen meinten sie dann mit der *adinvencione imprimendi seu caracterizandi* in der Schlußschrift von 1462[10] zweifellos ›die Erfindung des Druckens beziehungsweise Typenherstellens‹. Man berücksichtige, daß 1462 auch Kupferdrucker, Zeugdrucker und Blockdrucker (Briefdrucker) tätig waren, von deren bereits bekannten Techniken sich das neue Verfahren selbstverständlich abheben wollte.

7. WIDMANN: *Antike Fachausdrücke* . . .(s. Fußnote 2), S. 179 f.

8. Ebd. S. 180 f.

9. 1458 in der Ordonnanz König Karls VII, und 1460 in der Schlußschrift des Catholicon – vgl. weiter unten.

10. 48zeilige lateinische Bibel, vollendet am 14. August 1462 (GW 4204): ». . . artificiosa quadam adinvencione imprimendi seu caracterizandi sic effigiatum.«

Spätestens seit 1466 steht dann auch – neben anderen Bezeichnungen – *ars impressoria* eindeutig für Buchdruck(er)kunst und nicht für eine der anderen Drucktechniken[11].

In der bekannten Schlußschrift des Catholicon (des JOHANNES BALBUS DE JANUA) Mainz 1460 (GW 3182) wird erklärt, daß das Werk . . . *non calami, stili aut penne suffragio, sed mira patronarum formarumque concordia, proporcione et modulo impressus atque confectus est* (. . . daß das Buch, das Catholicon, ›ohne Hilfe eines Schreibrohrs, eines Griffels oder einer Feder, vielmehr dank einem wunderbaren Zusammenspiel, Verhältnis und Ebenmaß der *patronae et formae* gedruckt und fertiggestellt wurde‹ – Übersetzung nach HANS WIDMANN[12]). Unter *Patrone* (lat. = *patrona*; mlat. = *patronus*) darf man eine ›Muster-(form)‹ verstehen[13], also ein Modell, das sich zur Erzeugung von Abformungen in beliebiger Anzahl benutzen läßt. Dabei kann die Patrone (auch Patrize genannt) – je nach ihrem Verwendungszweck – erhaben oder vertieft gestaltet sein[14]. In diesem Sinne werden für die Typenherstellung zwei Patronen verwendet: der erhaben gravierte Stahlstempel, von dem man den Buchstaben durch Eintiefen in die Matrize abformt, sowie diese selbst, denn von ihr werden durch Abgießen die Typen gewonnen. In der Gießtechnik gab (und gibt) es neben verlorenen (Sandguß-)Formen auch feste Gießformen aus Metall. Solche waren beispielsweise Gutenbergs Straßburger Formen für die Spiegelherstellung, die er vor Weihnachten 1438 einschmelzen ließ. Ihr Verlust konnte ihn nur deshalb reuen[15], weil

11. Handschriftliche Schlußschrift in der von Johannes Mentelin in Straßburg 1466 vollendeten ersten deutschen Bibel (GW 4295). Vgl. WIDMANN: *Antike Fachausdrücke* . . . (s. Fußnote 2), S. 183.
12. Zuletzt im Faksimile mit deutscher Übersetzung veröffentlicht von HANS WIDMANN: *Eltvilles Anteil am Frühdruck. Tatsachen und Probleme.* Wiesbaden 1970 (Eltviller Druck. 19), S. 20f. samt Abbildung 4. – Widmann übersetzt *patronae et formae* zutreffend mit »Druckstempeln und Typen.« Meine Erörterungen sollen diese Übersetzung durch technologische Überlegungen untermauern – ganz besonders im Hinblick auf die analoge Formulierung in der Ordonnanz Karls VII., vgl. weiter unten.
13. FRIEDRICH KLUGE: *Etymologisches Wörterbuch der deutschen Sprache.* 20. Aufl. bearb. von WALTHER MITZKA. Berlin 1967, S. 535. – Auch eine Malschablone ist eine Musterform. Der Papierforscher Albert Haemmerle (München) ist der Ansicht, daß Malschablonen zur Buntpapierherstellung mindestens seit dem 15. Jahrhundert »Patronen« genannt wurden. Vgl. hierzu auch die »Patronen« der Briefdrucker im 16. Jahrhundert bei HELLMUT ROSENFELD: *Der Gebrauch der Schablone für Schrift und Kunst seit der Antike und das schablonierte Buch des 18. Jahrhunderts.* In: Gutenberg-Jahrbuch 1973, S. 74.
14. FRANZ MARIA FELDHAUS: *Die Technik der Vorzeit, der geschichtlichen Zeit und der Naturvölker.* 2. Aufl. München 1965, Sp. 819: Prägen; Sp. 1078: Stanzen.
15. Aus der Aussage des Anton Heilmann im Straßburger Gutenberg-Prozeß von 1439: »Dirre gezuge hat ouch / geseit, das er wol wisse, das Gutenberg unlange vor Wihnahten / sinen kneht sante zu den beden Andresen, alle formen zu holen, / vnd würdent zurlossen, das er es sehe, vnd in joch ettliche formen / ruwete.« Vgl. KARL SCHORBACH: *Die urkundlichen Nachrichten über Johann Gutenberg.* In:

diese Formen seine *Patronen* waren. Wären es *formae*, d. h. Abformungen (Spiegel oder Typen), gewesen, er hätte sie jederzeit von den vorhandenen Patronen erneut gewinnen können[16]. So ließe sich *patrona et forma* – vordergründig betrachtet – sowohl als ›Stempel und Matrize‹ wie auch als ›Matrize und Type‹ deuten. Aber der Verfasser der Schlußschrift des Catholicon kann keine dieser beiden Möglichkeiten gemeint haben. Die richtige Interpretation erschließt sich, wenn man den vollständigen Satz ins Auge faßt und sich vergegenwärtigt, daß die Formulierung auf das neue Verfahren hinweisen, Gott für dieses Gnadengeschenk danken und dabei dennoch das Geheimnis wahren möchte. So wäre eine sinnvolle Übersetzung der betreffenden Stelle: ›wunderbare Übereinstimmung *(concordia)* . . . von Stempeln und Typen‹; denn das Besondere lag doch darin, daß ein Stempel und zahllose Typen den gleichen seitenverkehrten Buchstaben, erhaben geformt, auf ihrer Spitze trugen und daß sie alle untereinander identisch waren. Daß eine *direkte* Abformung einer Matrize der benutzten Patrize (Patrone) *zwangsläufig* gleichen muß (wenn man die Umkehrung hinnimmt) oder – gerade wegen dieser Umkehrung – überhaupt nicht, das wußte jeder einschlägig tätige mittelalterliche Handwerker. Das Wunder, wie aus dem einen Stempel zahlreiche sowohl mit diesem als auch untereinander übereinstimmende, ebenmäßige Typen hergestellt werden (nämlich mittels Matrize und Gießinstrument), wurde als Geheimnis der Kunst hier 1460 ebenso verborgen wie schon 1457 *(imprimere ac caracterizare)* und auch 1458 in der französischen Formulierung ›poincons et caractères‹[17]. Zudem wies HANS WIDMANN kürzlich auf handschriftliche Eintragungen in zwei Büchern hin (1466 und 1467), wo *formare* sogar im Sinne von ›Drucken‹ gebraucht worden ist[18]. Da es sich selbstverständlich um typographisch gedruckte Bücher handelt, wird *formare* hier – genauer – als ›mit Typen drucken‹ zu übersetzen

Festschrift zum fünfhundertjährigen Geburtstage von Johann Gutenberg. Hrsg. von OTTO HARTWIG. Mainz 1900, S. 159 (Zeugnis 14), und Fußnote 110 (*zurlossen* = eingeschmolzen) und Fußnote 111 (*ruwete* = leid war, um etliche Formen).

16. Zum Ganzen vgl. KURT KÖSTER: *Gutenberg in Straßburg*. Mainz 1973 (Kleiner Druck der Gutenberg-Gesellschaft. 93).

17. Siehe weiter unten.

18. WIDMANN: *Antike Fachausdrücke* . . . (s. Fußnote 2), S. 183. – *Caracterizare* bedeutet ›Typen herstellen‹, *formare* ›mit Typen drucken‹; folglich ist *forma* die Type. Man erinnert sich, daß PROKOP WALDFOGHEL 1444 in Avignon unter anderem »48 formas stagni« benutzt hat, um die Kunst des *artificialiter scribendi* auszuüben und zu lehren. (So in einer Empfangsbestätigung vom 4. Juli 1444, vgl. WILHELM SCHREIBER: *Vorstufen der Typographie*. In: Gutenberg-Festschrift (1900) – s. Fußnote 15 –, S. 50 f). Welche Teile allerdings Dr. Konrad Humery in dem Revers vom 26. Februar 1468 mit ›Formen‹ und welche mit ›Buchstaben‹ bezeichnet hat, muß fraglich bleiben, da weder die Aufzählung noch der folgende Text irgendwelche Bemerkungen enthalten, die es ermöglichen würden, die Bedeutung – beispielsweise aus den Beziehungen der Gegenstände untereinander – zu erschließen. (Vollständiger Text bei SCHORBACH: *Urkunden* – s. Fußnote 15 –, S. 227 und Faksimile Tafel 24).

sein. 1481 kommt *formula* (statt *forma*) in einem Briefwechsel zwischen den Drukkern ADOLF RUSCH in Straßburg und JOHANNES AMERBACH in Basel vor, dort nun im (heutigen) Sinne von ›Schrift‹[19]. *Duas formulas* bedeutet ›zwei Schriftarten‹, also etwa Typen eines größeren und eines kleineren Schriftgrades, oder auch zweier unterschiedlicher Schnitte. Seit Mitte des 16. Jahrhunderts läßt sich die Bezeichnung Form oder Druckform in der noch heute gebräuchlichen Bedeutung nachweisen[20]. Die Drucker verstanden (und verstehen) darunter den festen Verbund aller Typen – gleich, welcher Schriftart – für einen halben oder einen ganzen Bogen in einem stabilen Rahmen. In diesem Zusammenhang sei auch auf den Sprachgebrauch im Blockdruck hingewiesen. Die druckfertige Holztafel ist – ebenso wie der Schriftsatz (Typensatz) – eine Hochdruckform. Ihre Hersteller bezeichneten sich bekanntlich bereits während des gesamten 15. Jahrhunderts als *Formen*schneider.

Eine Analogie zu der Formulierung *patrona et forma* von 1460 findet sich bereits 1458 in einer Ordonnanz KARLS VII. von Frankreich, die den Münz-Stempelschneider NIKOLAUS JENSON anweist, in Mainz die Kunst des Druckens auszukundschaften: *Le IIIme Jour doctobre mil III^{c} LVIII Ledit S^{r} roy ayant entendu que mess^{re} Jehan guthenberg chevalier demourant a mayence pays dallemaigne homme adextre en tailles et caracteres de poincons avoit mis en lumiere Linvention de imprimer par poincons et caracteres . . .*[21] (›Den 4. Oktober 1458. Seine Majestät der König hat erfahren, daß Monsieur Johann Gutenberg, Chevalier aus Mainz in Deutschland, ein Mann, der geschickt ist im Schneiden und Formen von Punzen, die Erfindung ans Licht gebracht hat, mit *poincons et caracteres* zu drucken.‹) Auf die Verwendung des Verbums *imprimere* im Sinne von *drucken,* mit eindeutigem Bezug zu Gutenbergs

19. Vgl. *Die Amerbachkorrespondenz.* Hrsg. von ALFRED HARTMANN. Bd. 1. Basel 1942, S. 1 und Fußnote 2. – Die Bedeutung ›Schrift‹ ergibt sich aus dem Sinn des Textes; für ›Typen‹ benutzt Rusch *caracteres.* (So auch in seinem Brief vom 23. Oktober 1482, vgl. ebd. S. 3.)
20. *An Account of Calligraphy and Printing in the Sixteenth Century from the Dialogues Attributed to Christopher Plantin.* Antwerpen 1567. Übersetzt und kommentiert von RAY NASH, Vorwort von STANLEY MORISON. 2. Aufl. Antwerpen, Lunenburg 1964, S. 16. (1. Aufl. 1940.)
21. Zuletzt im vollen Wortlaut veröffentlicht von ALFRED SWIERK: *Johannes Gutenberg als Erfinder in Zeugnissen seiner Zeit.* In: Der gegenwärtige Stand . . . (s. Fußnote 2), S. 80. – Mit der Formulierung, Gutenberg sei ein Mann, »adextre en tailles et caracteres de poincons«, sind meines Erachtens die beiden Techniken des Gravierens mit dem Stichel gemeint: *tailler* = eintiefen (vgl. *taille douce* = Kupferstich); *caracterer* (heute nicht mehr gebräuchlich) = ein Relief schneiden.
22. Vgl. Fußnote 9.
23. GERHARD WAHRIG: *Deutsches Wörterbuch.* Gütersloh 1972, Sp. 2817. – In der späteren Fachsprache ist *poinçon* der gravierte Stahlstempel, *caractère* die gegossene Type. Mit dem *poinçon* wird die *matrice* geschlagen und mit dieser in der *moule* der *caractère* gegossen. – In seinem Brief an Amerbach vom 26. November (wahrscheinlich des Jahres 1483) erwähnt Adolf Rusch derartige ›puntzoni‹. (Vgl. *Die Amerbachkorresp.* – s. Fußnote 19 –, S. 8.)

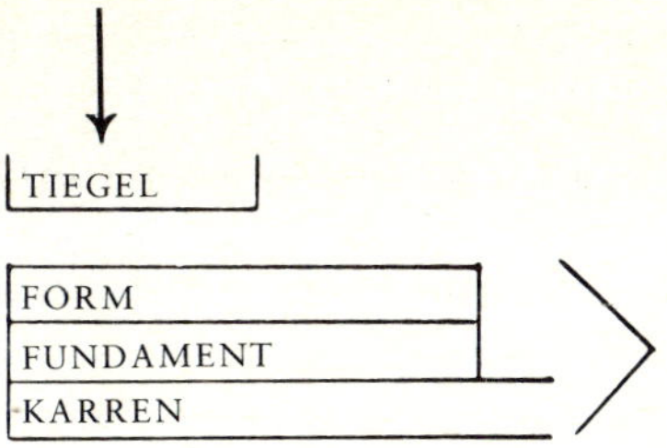

ABBILDUNG 1
System der Hochdruck-Tiegelpresse.

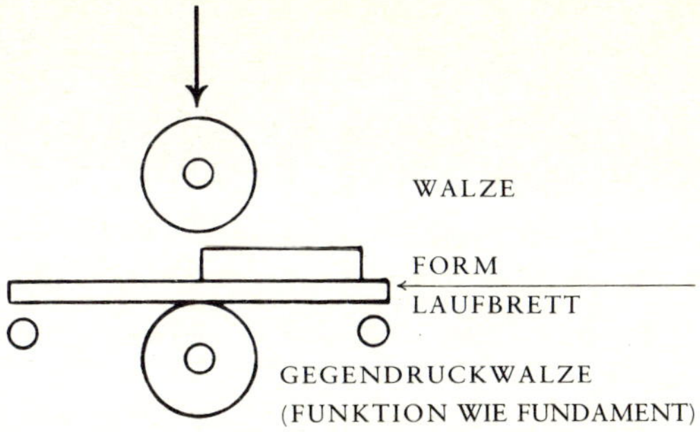

ABBILDUNG 2
System der Tiefdruck-Walzenpresse.

erfolgte der Abdruck, der durch einen kräftigen und nachhaltigen Druck auf weicher Unterlage die Farbe aus den Vertiefungen auf das Papier übertrug.

Der Buchdruck besaß von Anfang an eine geeignete Presse.

Der Kupferdruck begann in den vierziger Jahren des 15. Jahrhunderts[10]; die uns bekannte Kupferdruckpresse läßt sich jedoch frühestens 100 Jahre später nachweisen[8]. War infolgedessen der Kupferdruck zunächst ein rein manuelles Verfahren? Das muß durchaus nicht der Fall gewesen sein, denn die Tiegelpresse eignet sich, wenn man handwerkliche Mühe nicht scheut, auch zum Abdrucken von kleinformatigen (vgl. Abschnitt 3) Kupferstichen. Das gilt für die Presse der Gutenberg-Zeit ebenso wie für deren späten Nachfahren, die noch heute gebräuchliche Balancierpresse[11]. Somit liegt es durchaus im Bereich des Möglichen, daß die ersten Kupferstecher ebenfalls Tiegelpressen benutzten[12].

Als jedoch die Walzenpresse bekannt wurde, muß sie von den Kupferdruckern sofort als das für ihre Zwecke weitaus besser geeignete Instrument erkannt und in Gebrauch genommen worden sein, denn es ist uns nur diese als ›Kupferdruckpresse‹ überliefert.

Die Abbildungen 1 und 2 zeigen schematisch die beiden Pressensysteme, über welche gehandelt wird: dabei steht die Hochdruck-Tiegelpresse (Abbildung 1) der Tiefdruck-Walzenpresse (Abbildung 2) gegenüber.

10. Das früheste datierte Blatt stellt eine Geißelung Christi dar und wurde 1446 vom ›Meister der Spielkarten‹ hergestellt. – KRISTIAN SOTRIFFER: *Die Druckgraphik*. Wien, München 1966, S. 53.

11. Über frühere (1852) und eigene Versuche, Hoch- und Tiefdruck auf einer dem Tiegelprinzip entsprechenden sogenannten Balancier-Presse herzustellen, habe ich in meiner Dissertation berichtet: CLAUS W. GERHARDT: *Die Anfänge des Prägedrucks – ein Beitrag zur Geschichte der Druckmaschinen und Druckverfahren*. Mainz 1970, S. 214 ff.

12. In jüngster Zeit befaßten sich einige angesehene Fachleute mit der Frage, ob Gutenberg möglicherweise auch dem Kupferstich entscheidende Impulse gegeben habe. Die technische Realisierbarkeit des

Bei der Tiegelpresse werden zwei Flächen gegeneinander gepreßt, nämlich der Tiegel gegen die Form mit dem daraufliegenden Druckgut. Obwohl zur Übertragung der Farbe von einer ebenen Fläche (Form) auf eine andere (Bedruckstoff) eine relativ geringer Anpreßdruck[13] ausreicht, werden erhebliche Kräfte zu dessen Erzeugung benötigt, da der Anpreßdruck über die beiden Flächen in ihrer vollen Ausdehnung (1 Druckseite) wirksam werden muß. Diese Kräfte mußten bei der alten Holzpresse von dem Mann, der den Preßbengel zog, aufgebracht werden, denn es gab noch kein anderes Kraftübertragungssystem als das direkte.

Der Kupferdruck erfordert vergleichsweise einen relativ hohen Anpreßdruck, um die Farbe aus den vielen feinen Vertiefungen der Plattenoberfläche herauszuholen. Der Anpreßdruck wird hier jedoch nur auf der schmalen Linie der Berührung der oberen Walze mit dem auf der Platte liegenden Druckgut benötigt. Da überdies bereits das Gewicht der Walze einen Teil der erforderlichen Kraft erzeugte, wird der Kupferdrucker zur Erzielung seines (höheren) Anpreßdruckes etwa dieselben (oder sogar weniger) Kräfte benötigt haben, wie der Buchdrucker für den seinen.

Daraus folgt: der Abdruck eines, selbst kleinformatigen Kupferstiches war auf der Tiegelpresse eine mühsame, sehr anstrengende Arbeit. Für größere Platten reichte die Kraft mit Sicherheit nicht aus. Die Buchdruckform dagegen konnte in Größe einer Folioseite ohne weiteres ausgedruckt werden.

Vom Zeitpunkt des Aufkommens der Walzenpresse für den Kupferstich (spätestens Mitte des 16. Jahrhunderts) entwickelten sich die beiden Druckverfahren und ihre speziellen Pressen immer weiter voneinander fort: die Drucker paßten ihre Pressen

Abdruckens von kleinformatigen Kupferstichen auf der Tiegelpresse kann diese Hypothese nur stützen. Der Grundgedanke liegt darin, Gutenberg die Absicht zuzuschreiben, nicht nur den Text, sondern auch den Buchschmuck mechanisch zu vervielfältigen. (Wichtigste Literatur zu diesem Problem: HELLMUT LEHMANN-HAUPT: *Gutenberg und der Meister der Spielkarten.* In: Gutenberg-Jahrbuch. Mainz 1962, S. 360–379. DERS.: *Gutenberg and the Master of the playing cards.* New Haven 1966. HELLMUT ROSENFELD: *Der Meister der Spielkarten und die Spielkartentradition und Gutenbergs typographische Pläne im Rahmen der Entwicklung der graphischen Künste.* In: Archiv für Geschichte des Buchwesens. Bd. 5 Frankfurt am Main (1964), Sp. 1505–1520. KONRAD F. BAUER: *Gutenberg in Gesellschaft.* In: Philobiblon. 11. Hamburg 1967, S. 272–278.) FRIEDRICH LIPPMANN: *Der Kupferstich.* 7. Aufl. Berlin 1963, schreibt S. 12, aus der Kelterpresse seien zunächst die Gautschpresse der Papiermacher und aus dieser die Druckpressen für Buchdruck und Kupferstich abgeleitet worden. Somit kann er nur das Tiegelsystem meinen. Er fährt fort: »Jedenfalls unterscheiden sich die beiden Pressen [für Buch- und Kupferdruck; d. Verf.] in der Frühzeit nicht voneinander, wie eine Zeichnung des Jan van Straeten (Stradanus) in Windsor zeigt.« LIPPMANN meint offensichtlich Jan van der Straet, 1523–1605. Vgl. ULRICH THIEME, FELIX BECKER: *Allg. Lexikon d. bild. Künstler.* Bd. 32. Leipzig 1938, S. 149 f. Ich habe mir eine Fotografie besorgt: es handelt sich um eine Buchdruckerei. Nichts deutet auf Kupferdruck hin!

13. Anpreßdruck: terminus technicus des 20. Jahrhunderts für kp = kg/qcm der Berührungsfläche von Druckform und Bedruckstoff.

den spezifischen Gegebenheiten sowohl ihrer Verfahren als auch ihrer Erzeugnisse immer besser an. Wir wissen heute, daß eine Walze anstelle des Tiegels und der Spindel in der Buchdruckpresse das leistungsfähigere System ist und fragen uns, warum man dies nicht schon im 16. Jahrhundert erkannte.

3
Tiegelpresse

Aussehen und Funktion der Tiegelpresse in den ersten einhundert Jahren ihrer Benutzung erschließen sich uns einerseits aus den Druckwerken selbst, andererseits aus Abbildungen.

Die früheste bisher aufgefundene Abbildung findet sich auf einem ›Totentanz‹ (danse macabre) betitelten Holzschnitt, der 1499 in Lyon gedruckt wurde[14].

KARL DIETERICHS schreibt, auf den folgenden Abbildungen[15] des 16. Jahrhunderts sei zweierlei zu bemerken: erstens, »daß die einzelnen Pressen, deren Bau nach den Angaben des Druckers von jedem beliebigen Schreiner oder Zimmermann vorgenommen wurde, in ihrem Äußeren von einander abweichen« und daß ferner den Entwerfern oder Stechern der Holzschnitte »mitunter grobe technische Schnitzer unterlaufen« sind[16]; zweitens, daß tatsächlich eine ganze Anzahl Verbesserungen der Presse eingeführt, jedoch keine grundsätzlichen Veränderungen vorgenommen wurden[17].

Die von DIETERICHS aufgeführten einzelnen Verbesserungen an der zunächst immer noch vollständig aus Holz bestehenden Presse haben auf unser Problem keinen Einfluß. Sie belegen nur, daß sich bis zum Aufkommen der Walzenpresse für den Kupferdruck die Buchdrucker ihr Gerät derart vervollkommnet hatten, daß es den Ansprüchen an Qualität und Quantität in der Mitte des 16. Jahrhunderts voll entsprochen zu haben scheint.

14. FALCONER MADAN: *Early representations of the printing press.* In: Bibliographica. Bd. 1. London 1895, S. 223.

15. Z. B. 1507 Presse als Druckermarke des Jodocus Badius, Paris. (HERMANN BARGE: *Geschichte der Buchdruckerkunst von ihren Anfängen bis zur Gegenwart.* Leipzig 1940, S. 41.) – 1520 Wittenberg: Johann Grünenbergs Presse, gezeichnet von Hans Cranach. (KARL FAULMANN: *Illustrirte Geschichte der Buchdruckerkunst.* Wien, Pest, Leipzig 1882, S. 21.) – 1525 Nürnberg: Druckerpresse in einer Handzeichnung Albrecht Dürers. (DIETRICHS, a.a.O., Abb. 14 im Anhang.) – 1548 Darstellung der Druckpresse in Stumpffs Schweizer Chronik, gedruckt von Christoph Froschauer. (DIETERICHS, a.a.O., Abbildung 17 im Anhang).

16. DIETERICHS, a.a.O., S. 27 f.

17. DIETERICHS, a.a.O., S. 23–30.

Der Maschinenbau-Oberingenieur KARL DIETERICHS ist es auch, der 1930[18] die ausführlichste und mir am fundiertesten erscheinende Beschreibung von Aussehen und Funktion der Tiegelpresse *vor* der Erfindung der Druckkunst gab:

Das H-förmige Gestell (das jedoch *zwei* Horizontalstreben aufwies) stammte von den längst bekannten Pressen der Winzer[19], Tuchmacher[20], Papiermacher[21] (Gautschpresse) und Buchbinder[22] (Stockpresse). Die beiden Horizontalstreben wiesen in der Mitte Bohrungen auf, welche von einer kräftigen Holzspindel durchsetzt wurden. Zwischen den erwähnten Streben war an der Spindel eine kurze kräftige Stange, genannt Preßbengel, befestigt. Mit seiner Hilfe wurde die Spindel nach unten und oben bewegt. Oben auf dem Preßgut (z. B. Wein, Tuche, Papierbogen, Bücher) lag ein kräftiges Brett, dessen Mitte die Spindelspitze berührte. Das Bewegen des Preßbengels drückte die Spindel nach unten, und das Brett verteilte die Kraft auf die gesamte Oberfläche des darunterliegenden Preßgutes.

Diese Ausgangssituation fand Gutenberg und fanden gleichermaßen die folgenden Frühdrucker vor. Es wird viele Holzhandwerker gegeben haben, denen diese Grundkonstruktion gleichfalls vertraut war. Auch bestimmte Dimensionierungen der Presse werden um 1440/50 bereits geläufig gewesen sein, jedenfalls bei all denen, welche Papier preßten. Sie ergaben sich aus der vom 15. bis 18. Jahrhundert nur wenig differierenden Größe der handgeschöpften Papierbogen[23].

18. DIETERICHS, a.a.O., S. 13–22. – FELDHAUS, a.a.O., Sp. 169 f. geht in seinem Abschnitt über die Buchdruckpresse auf diese Fragen gar nicht ein. – RUPPEL, a.a.O., (Anmerkung 3) S. 114 und BARGE, a.a.O., (Anmerkung 15) S. 41 f. geben zwar zutreffende, aber keine detaillierten Beschreibungen.

19. Schraubenpressen (Spindelpressen) als Weinpressen erwähnen erstmals Vitruvius in seinem (etwa um 25. v. Chr. erschienenen) Werk ›De architectura‹ sowie Plinius d. Ä. (23–79 n.Chr.) in seiner ›Naturalis historia‹; Nachweise bei FELDHAUS, a.a.O., Sp. 820.

20. Antike römische Tuchpresse ebenfalls bei FELDHAUS, a.a.O., Sp. 821, Abbildung 531.

21. DIETERICHS, a.a.O., S. 7, setzt ohne Angabe von Quellen das Vorhandensein von Papierpressen vor Gutenberg in der Form voraus, welche Jost Amman 1568 in seinem Buch von ›Ständen und Handwerken‹ abbildet.

22. Ich schließe mich dieser Ansicht unter Hinweis auf die Stockpressen der Buchbinder an, von denen ADOLF RHEIN berichtet, daß sie seit etwa 1340 in Gebrauch gewesen sind. (ADOLF RHEIN: *Wie das Maschinenzeitalter in der Buchbinderei begann.* In: Allg. Anzeiger für Buchbindereien. 75. Stuttgart 1962, Nr. 9, S. 634.)

23. Es ist anzunehmen, daß die Büttenbogen spätestens Anfang des 15. Jahrhunderts etwas größer als doppelt Folio geschöpft wurden, denn es gibt Folio-Handschriften mit derartigen Doppelblättern (Bogen). – DIETERICHS, a.a.O., S. 14, gibt das Papierbogenformat der Zeit um 1450 mit etwa 47 × 68 cm an. – Im LÖFFLER-KIRCHNER, a.a.O., Bd. 1, S. 554 nennt FRITZ SCHRÖDER für Folio 42 × 33 cm. – Berücksichtigt man den Beschnitt, so stimmen beide Angaben ungefähr überein. Die Seitengröße Folio beträgt z. B. beim Aderlaß- und Laxierkalender auf das Jahr 1457 40 × 29,5 cm, ist also noch geringfügig kleiner. – ALBERT HAEMMERLE: *Buntpapier.* München 1961, kommt in seinen Untersuchungen über die Brokatpapiere des 18. Jahrhunderts, S. 77–130, auch immer wieder auf

Welche Bedingungen des Druckens bedingten nun welche neuen und zusätzlichen Vorrichtungen an dem bekannten Grundgestell, und welcher Art waren diese?

1. Zum sauberen Abdruck selbst:

Das Brett, das bei den alten Verwendern der Tiegelpresse lose auf dem Preßgut lag, mußte mit der Spindel verbunden werden, um deren Vertikalbewegung mitzumachen, die Drehbewegung jedoch nicht. Man konstruierte deshalb ein Zwischenstück – die Büchse –, welche in der unteren Horizontalstrebe – der Brücke – vertikal beweglich angebracht wurde. An der Unterseite der Büchse wurde das Brett, das man nun Tiegel nannte[24], befestigt. Man schnitt außerdem das Gewinde nur in den oberen Teil der Spindel, also oberhalb des Preßbengels, so daß der Schaft des unteren Teils, der durch die Büchse bis auf den Tiegel führte, glatt war. Später spannte man von den vier Ecken des Tiegels kräftige Schnüre zur Büchse. Auf diese Weise verhinderte man ungleichen Druck durch Kippen des Tiegels bei Druckformen mit einseitiger Belastung.

2. Beschaffenheit und Lagerung der Druckform:

Die Lettern, und bald auch Lettern und Holzschnitt gemeinsam, wurden in irgendeiner Weise zu einer Druckseite geschlossen. Für diese ›Form‹ benötigte man eine Unterlage, welche gleichermaßen widerstandsfähig und eben sein und genau parallel zum Tiegel liegen mußte. DIETERICHS weist (Seite 16) nach, daß zumindest Anfang des 16. Jahrhunderts, wahrscheinlich jedoch – wegen der hervorragenden Druckqualität mancher Frühdrucke – schon von allem Anfang an, die Druckform auf einem Fundament aus Stein lag. Das Fundament seinerseits war in einen Karren gebettet, der dem Transport unter den Tiegel diente (vgl. Abbildung 1).

An der auswärts zeigenden Seite dieses Karrens war scharnierartig der ›Deckel‹ angebracht, welcher das enthielt, was wir heute den ›Aufzug‹ nennen und auf welchem der Bogen mittels Nadeln befestigt wurde. Schließlich befand sich an der dem Scharnier gegenüberliegenden Seite des Deckels ein weiteres Scharnier, welches das ›Rähmchen‹ hielt: einen Holzrahmen mit schablonenartig ausgeschnittenem Schutzpapier, das allein das Druckbild freiließ. Das Rähmchen klappte also auf den,

ähnliche Maße (z. B. Abbildung 72, S. 84: 37,4 × 31,5 cm. Abbildung 95, S. 108: 40,5 × 32 cm. Die einzige erhaltene Platte mißt 38,5 × 31,5 cm. S. 84.) Daraus resultiert: die Papierpressen mußten in ihren Dimensionen auf die erforderliche Kraft zum Pressen von ganzen Bogen (z. B. 47 × 68 cm) bemessen sein, die Stockpressen der Buchbinder auf das üblicherweise größte Buchformat – Folio – z. B. 42 × 33 cm. Von den Buchdruckpressen ist nachgewiesen, daß bis zur Kniehebelpresse von Stanhope von 1800 (vgl. Anmerkung 5) maximal nur eine Folioseite in einem Druck abgedruckt werden konnte.

24. Nachweis bei DIETERICHS, a.a.O., S. 15, für 1485: in diesem Jahr wurde bereits der Begriff ›Tiegel‹ für die ganze Presse benutzt. Tiegel, wahrscheinlich vom lat. tegula, ahd. tegel gleich Pfanne, Platte, Deckel. KLUGE-MITZKA, a.a.O., S. 778.

auf dem Deckel befestigten Bogen und Deckel mit Bogen und Rähmchen dann auf die eingefärbte Form.

3. Transport des Karrens mit Fundament, Form, Deckel und Rähmchen in die Presse bis genau unter den Tiegel (vgl. Abbildung 3):

In entsprechendem Abstand unter dem Tiegel in seiner tiefsten Position waren in den vertikalen Wangen der Presse zwei horizontale Balken verzapft. Sie ragten an der einen Seite nur wenig, an der anderen beträchtlich aus der Presse heraus. An dieser Seite (und manchmal auch an der kurzen, vgl. Abbildung 4) waren sie am Ende mit zwei vertikalen Stützen unterbaut. Führungsnuten in den Balken verhinderten, daß der Karren sich seitlich verschob. Anschläge bewirkten, daß er zunächst nur zur ersten Hälfte unter den Tiegel fuhr und erst nach Abdruck des halben Bogens (gleich einer Seite Folio) zum Abdruck der zweiten Seite vollends darunter kam. Das Bewegen des Karrens von Hand scheint schon sehr bald durch ein Riemensystem mit Holzwalze und Handkurbel verbessert worden zu sein[25].

Alles in allem mußte die Druckerpresse zweifellos in jeder Einzelheit sehr viel präziser gebaut und ausgearbeitet werden als die eingangs erwähnten, dem bloßen Pressen dienenden Apparate[26]. Daraus resultiert: nur ein sehr gewissenhafter Buchdrucker konnte auch mit einer einfachen Presse gute Resultate erzielen; es ist jedoch wahrscheinlicher, daß einwandfreie Drucke meistens von einer sehr gut gearbeiteten Presse stammen[27].

Während des gesamten 16. Jahrhunderts erfolgten Verbesserungen an der Presse, welche die Arbeit erleichtern und den Druckvorgang beschleunigen halfen[28]: der Karrenantrieb durch eine Kurbel, erstmals 1507 abgebildet, wurde bereits erwähnt.

Die Druckermarke des JACOBUS DE BREDA von 1515 zeigt zwei Stellschrauben, mit deren Hilfe die Lage und Höhe des Spindelbalkens geringfügig geändert werden konnte: man erreichte dadurch eine bessere Parallelität von Balken, Tiegel und Druckfundament (DIETERICHS Abbildung 10). Von 1548 an beweisen die überlieferten Abbildungen der Druckpressen die Verwendung von Metallteilen.

25. DIETERICHS, a.a.O., S. 24 und Abbildung 11 im Anhang (vgl. auch Anmerkung 15): die Druckermarke des Jodocus Badius von 1507 zeigt bereits diese Kurbel.

26. ADOLF RHEIN, a.a.O., (Anmerkung 22) S. 634: »Die Stockpresse war noch keine Maschine . . . sie war mehr ein maschinelles Werkzeug.«

27. Man könnte weiter folgern: der (oder die) Drucker der B 42 (1455), des Psalterium Moguntinum (1457) und des Catholicon (1460) besaßen eine (oder mehrere) sehr guter Pressen (dieselben?). Oder war diejenige von 1454/55 von einfacher Bauart und wurde von einem besonders guten Drucker bedient? Zwei Jahre (z. B. von 1455–57) wären eine ausreichende Zeit, um durch mehr Druckerfahrung zu Verbesserungen der Presse zu gelangen.

28. DIETERICHS, a.a.O., berichtet darüber im Text S. 23–31 und anhand der Abbildungen 9–28 im Anhang.

ABBILDUNG 3
Darstellung der Druckerpresse in Stumpffs Schweizer Chronik. Zürich 1548. – Dieterichs, a.a.O., Abbildung 17 im Anhang.

Z. B. Die Druckermarke von ANTON SCOLOKER in London 1548 (DIETERICHS Abbildung 16) und die Abbildung in CHRISTOPH FROSCHAUERS Schweizer Chronik ebenfalls von 1548 (vgl. Anmerkung 15): der Preßbengel ist in beiden Fällen so dünn, daß er aus Eisen sein muß. Die Oberseite des Tiegels weist Verstärkungsrippen auf, weshalb DIETERICHS auf Messing schließt (Abbildung 3 u. DIETERICHS Abbildung 17).

FELDHAUS berichtet: Der Nürnberger Buchdrucker DANNER benutzte um 1550 eine Spindel aus Messing anstelle von Holz[29].

1607 erschien bei PIETRO BERTELLI in Padua ZONCAS ›Novo Teatro‹. Der Abschnitt über den Buchdruck zeigt die Presse im Zustand des Druckvorgangs und davor am Boden die wichtigsten Teile, darunter erstmals einen Schließrahmen. Die Druckspindel mit Mutter und der Tiegel bestehen aus Bronze oder Messing. Aus Eisen bestehen die Büchse, der untere Spindelzapfen, die Gleitschienen für den Karren und der Bengel (Abbildung 4)[30].

Man darf annehmen, daß – von den erwähnten Verbesserungen abgesehen – das Drucken und die Presse zwischen etwa 1480 und 1550 im großen und ganzen so aussahen, wie auf Abbildung 3 dargestellt. Im 17. und 18. Jahrhundert hat sich gegenüber dem auf Abbildung 4 Gezeigten so gut wie nichts mehr verändert. Das ist um so merkwürdiger, als WILLEM JANSZ BLAEU (geboren 1571 in Alkmaar) durch die Konstruktion einer federnden Metallplatte um 1620[31] die wesentlichste Erleichterung und Verbesserung des Druckvorgangs vor der Erfindung der eisernen Kniehebelpresse Ende des 18. Jahrhunderts gelang. Von der Blaeuschen Presse wurde bis heute nur eine einzige Abbildung (aus dem Jahre 1620) aufgefunden. Auch schriftliche Zeugnisse dafür gibt es nur bei Blaeu selbst. Seine Erfindung fand keine Verbreitung.

Ähnlich erging es WILHELM HAAS sen., der 1772 in Basel eine dem Münzprägewerk nachgebildete, völlig aus Eisen bestehende Tiegelpresse erfand[32]. Auch diese Presse blieb ein Unikat. Hier erkennen wir jedoch im Gegensatz zu Blaeu die Gründe: HAAS sen. war Schriftsetzer, aber kein zünftiger Buchdrucker; deshalb untersagte ihm

29. FELDHAUS, a.a.O., Sp. 171.

30. DIETERICHS a.a.O., S. 29 f. und Abbildung 26 im Anhang.

31. FELDHAUS, a.a.O., Sp. 171. Genaue Beschreibung bei DIETERICHS, a.a.O., S. 31–33. Blaeu brachte zwischen Brücke und Tiegel mit Hilfe des sog. Schlosses eine von der Spindel durchbrochene gebogene Metallplatte an. Dadurch wurde der Druck weicher und nachhaltiger. Außerdem hob sich durch die Federwirkung der Platte nach dem Druck (also bei Loslassen des Bengels) der Tiegel von selbst von der Form wieder ab.

32. FELDHAUS, a.a.O., Sp. 171: »Beschreibung einer neuen Buchdruckerpresse. Erfunden in Basel im Jahre 1772 und zum Nutzen der Buchdruckerkunst herausgegeben von Wilhelm Haas, dem Vater. Gedruckt bey Wilhelm Haas, dem Sohne 1790.« – Statt durch Ziehen des Bengels wird die Haas'sche Presse – wie eine Balancierpresse – mit einer Schwungstange angeworfen.

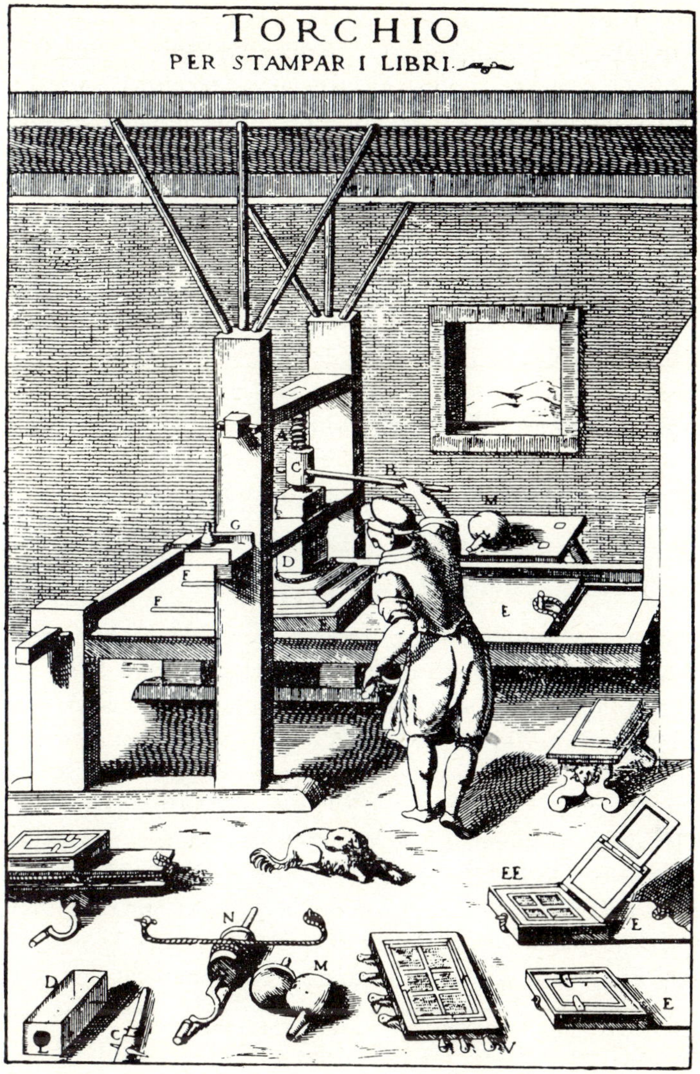

ABBILDUNG 4
Buchdruckpresse
in Vittorio Zonca ›Novo teatro‹, Padua 1607.
– Dieterichs, a.a.O.,
Abbildung 26 im Anhang.

die Basler Buchdrucker-Innung die Benutzung der Presse[33]. Erst als HAAS jun., der gelernte Buchdrucker, 1787 volljährig war, durfte die Presse in Betrieb genommen werden[34]. HAAS sen. machte – ohne Privilegien in Anspruch zu nehmen – seine Erfindung 1790 »zum Nutzen der Buchdruckerkunst« in einem hervorragend gedruckten, mit vier schönen Kupferstich-Farbtafeln über Konstruktion und Arbeitsweise ausgestatteten Werk (vgl. Anmerkung 32) allgemein bekannt.

Inzwischen hatte jedoch der Engländer CHARLES EARL OF STANHOPE zusammen mit seinem Mechaniker ROBERT WALKER 1787 die erste Kniehebel-Tiegelpresse gebaut[34] und damit einen noch weitergehenden Fortschritt als HAAS erzielt: die Einführung des Kniehebel-Mechanismus verstärkte die beim Ziehen des Bengels aufgewendete Kraft so sehr, daß nun erstmals in der Geschichte des Buchdrucks die ganze Form, also zwei Folioseiten, von einem Mann mit einer Hand in einem Zuge abgedruckt werden konnte[34]. Haas' Erfindung war kurz nach ihrer verspäteten Veröffentlichung schon überholt. Das Kniehebelsystem, vielfach ergänzt und verbessert, blieb das beliebteste System der Buchdruck-Handpresse bis in unser Jahrhundert hinein.

4
Walzenpresse

Es ist nicht simplifiziert, wenn man sagt: die Kupferdruckpresse hat keine Geschichte. Sie tritt um die Mitte des 16. Jahrhunderts ins Licht, wird im Jahre 1607 erstmals abgebildet (Abbildung 5) und sieht um 1880 noch genauso aus (Abbildung 6).

Alte erfahrene Forscher, wie ALBERT HAEMMERLE in Mainz, sind der Ansicht, die Kupferdruckpresse sei »von Anfang an so gewesen«, möglicherweise stamme sie aus Italien (vgl. Abschnitt 1, LEONARDO DA VINCI), und sicher habe man sie schon im 15. Jahrhundert benutzt: schließlich könne man das aus der rapiden Vergrößerung der Kupferstiche zwischen 1446[35] und 1470[36] ablesen. Da der Vorläufer der Kupferdruckpressen das Falzbein gewesen sei (vgl. Reiberdrucke beim Hochdruck), sei nicht anzunehmen, daß Kupferstiche, z. B. von dem in Amerkung 36 genannten Format 393 × 604 mm, überhaupt entstanden wären, wenn man nicht eine geeignete Presse gehabt hätte.

33. KARL FAULMANN: Illustrirte Geschichte der Buchdruckerkunst. Wien, Pest, Leipzig 1882, S. 454 f. Genaue Beschreibung bei DIETERICHS, a.a.O., S. 34–36.

34. FELDHAUS, a.a.O., Sp. 171.

35. In Deutschland z. B.: 1446 Meister der Spielkarten ›Geißelung Christi‹, 79 × 102 mm. – Vor 1467 Meister ES. ›Die kleine Maria von Einsiedeln, 90 × 136 mm. – Um 1470 Martin Schongauer ›Das Rauchfaß‹, 212 × 291 mm. – Um 1480 Meister W mit dem Schlüssel ›Stammbaum Mariae‹, 276 × 415 mm.

36. In Italien z. B.: 1470 Antonio Pallaiuolo, Florenz ›Schlacht der nackten Männer‹, 393 × 604 mm (vgl. Anmerkung 23: Papierbogen-Formate im 15. Jahrhundert).

ABBILDUNG 5
Kupferdruckpresse
in Vittorio Zonca ›Novo teatro‹ Padua 1607. –
Paul Kristeller: Kupferstich und Holzschnitt
in 4 Jahrhunderten. 3. Auflage Berlin 1921,
S. 416, Abbildung 551.

ABBILDUNG 6
Kupferdruckpresse
im Gutenberg-Museum, Mainz.
Anfang des 19. Jahrhunderts.

Photo: Emich, Nieder-Ramstadt.

Wie sah eine solche frühe Presse aus? Nach HAEMMERLE: nie sehr viel anders als die später bezeugte Walzenpresse. LIPPMANN dagegen meint (vgl. Anmerkung 12), daß der frühe Kupferstich und der frühe Buchdruck dasselbe System, nämlich die Tiegelpresse, benutzt hätten. Die besten Kenner, z. B. ARTHUR MAYGAR HIND[37], und die Bearbeiter der einschlägigen Abschnitte wichtiger Handbücher, z. B. das Handbuch der Bibliothekswissenschaft, Bd. 1[38], das Lexikon des gesamten Buchwesens[39], ebenso FELDHAUS, sagen über die Kupferdruckpresse gar nichts aus.

Gehen wir von HINDS Information aus (vgl. Anmerkung 8), wonach der Kupferstich und mit an Sicherheit grenzender Wahrscheinlichkeit auch die Walzenpresse

37. ARTHUR MAYGAR HIND: *A short history of etching and engraving.* London 1908 (vgl. Anmerkung 8).
38. Handbuch d. Bibl.-wiss. Bd. 1: z. B. Kap. 5, 7 und 8 über Buchillustrationen.
39. LÖFFLER-KIRCHNER, a.a.O. (vgl. Anmerkung 23).

zwischen 1540 und 1545 vom Kontinent nach England kamen und beachten wir, daß die Pressen von 1607 und 1880 einander fast gleichen, also keinerlei Fortentwicklung stattfand, so dürfen wir rückschließend annehmen, daß das Bild von 1607 auch für die Mitte des 16. Jahrhunderts (oder früher) zutrifft (vgl. auch Anmerkung 7).

Die Walzenpresse bestand also mindestens seit dieser Zeit aus einem zunächst vielleicht hölzernen, später eisernen Gestell[40]. In der Mitte des etwa tischhohen Gestells waren übereinander zwei metallene (aus Bronze/Eisen – gegossene/gedrehte) Walzen angeordnet, die eine etwas unterhalb, die andere ein wenig oberhalb der oberen Gestellhorizontale. Wenn man das Papierbogenformat gemäß Anmerkung 23 mit 47 × 68 oder 42 × 66 cm zugrunde legt, werden das Gestell und die Walzen etwa 45–50 cm breit gewesen sein. Die Länge des Gestells dürfte dann etwas mehr als die doppelte Bogenlänge betragen haben, also ca. 140–150 cm. Bei voller Ausnutzung des Papierformates mußte die Platte mit Bogen und Auflage zunächst auf der einen Seite der Walzen Platz finden und nach dem Durchdrehen auf der anderen. Selbstverständlich kann es auch kleinere Walzenpressen – z.B. passend für Folio – gegeben haben. Die Platte wurde auf das Laufbrett (früher aus Hartholz, später aus Eisen, dann Preßtisch genannt) gelegt, das – wenn es auf der einen Seite mit dem Ende des Gestells abschloß – auf der anderen ein wenig jenseits der Walzen herausschauen mußte. Das ergibt eine Länge von ca. 80–90 cm. Beide Walzen waren drehbar gelagert. An der oberen befand sich einseitig (manchmal beidseitig) angeordnet der stern- oder radförmige Handantrieb.

Die erwärmte, in den Vertiefungen eingefärbte, an der Oberfläche wieder farbfrei gewischte Kupferplatte wurde mit dem Bild nach oben auf das Laufbrett gelegt. Darauf kam der gefeuchtete Papierbogen und auf diesen eine Mull- oder Filzlage. Dann drehte man das Ganze zwischen den Walzen durch und hob auf der anderen Seite die Teile einzeln in umgekehrter Reihenfolge vorsichtig wieder vom Laufbrett ab. Pressen, welche oberhalb der vorstehenden Achsen der oberen Walze Stellschrauben mit Gewinde besaßen, ermöglichten noch bis ins 19. Jahrhundert lediglich eine Verstärkung des Anpreßdruckes und einen horizontalen Ausgleich. Erst später konnte man mittels ähnlicher Schrauben die Walze auch heben.

Aus der Beschreibung geht hervor, daß die Walzenpresse der Kupferdrucker ein sehr viel robusterer und – verglichen mit den gleichzeitigen Tiegelpressen – simpler Apparat war. Da der Minimal-Anpreßdruck, durch das erhebliche Eigengewicht der oberen Walze bestimmt, bereits recht groß war, zeichneten sich alle vier Ränder der Platte auf dem Papierbogen deutlich ab. Bei Einblattdrucken ergab sich dadurch zwangsläufig eine gefällige Umrahmung des Bildes, bei eingedruckten oder eingebun-

40. Friedrich Lippmann: *Der Kupferstich*. 7. Aufl. Berlin 1963, S. 12: »Bereits zu Beginn des 17. Jahrhunderts hatte die Kupferdruckpresse die noch heute übliche Form.«

denen Buchillustrationen fiel dieser Rand im allgemeinen durch den letzten Buchbeschnitt fort. Es leuchtet jedoch auch ein, daß die bei den alten Kupferdruckpressen unmögliche (weil gar nicht benötigte) Nuancierung der Stärke des Anpreßdruckes die Presse in dieser Form zum Abdruck von Hochdruckformen (Lettern oder Holzschnitten) völlig unbrauchbar machte.

5
Die Zeit von 1450 bis 1800

Wir haben zur Beantwortung unserer Frage insgesamt einen Zeitraum von 350 Jahren zu untersuchen, können jedoch die Walzenpresse erst ab Mitte des 16. Jahrhunderts einbeziehen. Buchdruck und Kupferstich waren zu diesem Zeitpunkt beide etwa 100 Jahre alt und hatten ganz verschiedene Entwicklungen durchlaufen.

Die frühen Buchdrucker waren aus dem Kreis der Briefer, der Schreiber oder von den Universitäten gekommen[41]. Sie kannten das handschriftliche und das Blockbuch. Ihnen waren das Papier und die Buchbinderarbeit und damit wohl auch die Gautsch- und die Stockpresse vertraut. Von Mainz ausgehend trugen Buchdruckergesellen und Gelehrte die neue Kunst in andere Städte und fanden dort ihre Mitarbeiter wiederum unter Schreibern, Briefern etc., also im Umkreis derer, welche mit Papier und Buch bereits Umgang hatten. Die vielfältige Herkunft sowie die Neuartigkeit und Bedeutung ihres Handwerkes machten die Buchdrucker im 15. Jahrhundert frei von jedem überkommenen Zunftzwang.

Der Kupferstich wuchs in den Goldschmiedewerkstätten und Künstlerateliers heran. Goldschmiede, Harnischmacher[42], Zeichner und Maler[43] stachen die Platten und fertigten auch die Abzüge an, indem sie das gefeuchtete Papier mit dem Falzbein auf der erwärmten, eingefärbten und gewischten Platte abrieben. Sie waren Menschen, die kaum Verbindung zur Buchherstellung hatten und die lediglich eine Möglichkeit suchten und fanden, ihre in vielen Stunden Arbeit geschaffenen Metallgravierungen gewissermaßen durch Umkehrung zu vervielfältigen. So gingen auch kleinformatige Bilder als erste Produkte aus den Bemühungen hervor. Es wird der Erwerbssinn gewesen sein, der schon bald zur Fertigung von Spielkarten und zu ersten

41. ERICH V. RATH/RUDOLF JUCHHOFF: *Buchdruck und Buchillustration bis zum Jahre 1600.* In: Handbuch d. Bibl.-wiss. Bd. 1, S. 428.
42. KRISTIAN SOTRIFFER: *Die Druckgraphik. Entwicklung, Technik, Eigenart.* Wien, München 1966, S. 53. – HANS H. DIETRICH/HANS H. HOFSTÄTTER: *Der Kupferstich.* In: Geschichte der Kunst und der künstlerischen Techniken, hrsg. von HANS H. HOFSTÄTTER. Bd. 3. München 1965, S. 50.
43. v. SOTZMANN: *Älteste Geschichte der Xylographie und der Druckkunst überhaupt.* In: Hist. Taschenbuch, hrsg. von FRIEDRICH V. RAUMER. 8. Leipzig 1937, S. 590.

Kupferstichillustrationen von gedruckten Büchern führte[44]. »Das schwierige Druckverfahren (Abreiben?) und der Umstand, daß sich von einem Kupferstich nur einige hundert Abdrucke herstellen lassen, von einem Holzschnitt aber tausende, machten (den Kupferstich) zur Buchillustration wenig geeignet.«[45] Aus diesem Grunde blieb der Holzschnitt noch sehr lange das bevorzugte Medium der Buchillustration[46], während der Kupferstich durch hervorragende Meister wie SCHONGAUER und DÜRER als druckgraphisches Verfahren ein rein künstlerisches Ausdrucksmittel wurde.

Der Holzschnitt als Hochdruckform war den Männern rings um das Buch seit langem vertraut und ließ sich ja überdies auch auf ihrer eigenen, ständig verbesserten Presse gleichzeitig mit dem Letternsatz abdrucken. Die Büchermacher blieben unter sich. Sie waren Gießer, Setzer und Drucker, oftmals auch noch Verleger in einer Person, ließen sich die Stempel von Goldschmieden und die Bildtafeln von Formschneidern anfertigen, behielten jedoch die Buchherstellung in der eigenen Hand. In der Mitte des 16. Jahrhunderts war auf diese Weise in hundertjähriger Kontinuität ein festgefügtes Lebens- und Arbeitssystem entstanden, das die Buchdrucker zu einem stolzen, selbstbewußten neuen Stand hatte werden lassen.

Man muß sich unter diesen Umständen fragen, wann sie überhaupt erstmals Kenntnis von der im Metallgewerbe neu aufgekommenen Walzenpresse genommen haben. 1532 ist die erste Walzenpresse zum Strecken von Eisen in Nürnberg bezeugt, und 1550 konstruierte MARX SCHWAB in Augsburg ein Walzwerk zur Herstellung von Münzen (vgl. Anmerkung 7). Wenn die Kupferstecher derartige Pressen in der Jahrhundertmitte bereits besaßen (was man annehmen muß), dann gab es sicher gerade in Nürnberg und Augsburg auch Buchdrucker, die sie schon gesehen hatten. Der Gedanke allerdings, dieses völlig anders aussehende Gerät aus einem gänzlich anderen Handwerk auf seine Brauchbarkeit für die eigenen Zwecke zu prüfen, dürfte zu diesem Zeitpunkt ganz gewiß noch keinem Buchdrucker gekommen sein.

Weitere Verbesserungen der Tiegelpresse folgten an verschiedenen Orten schnell aufeinander (in Abschnitt 3 wurden die folgenreichsten erwähnt) bis zur federnden Platte bei WILLEM JANSZ BLAEU 1620. DIETERICHS beschreibt alle Verbesserun-

44. Das erste Buch mit Kupferstich-Illustrationen war Antonio Bettinis ›Monte Santo di Dio‹, das der Breslauer Nikolaus Laurentii am 10. September 1477 in Florenz herausgab (GW 2204; Handbuch der Bibl.-wiss. Bd. 1, S. 460). – Die erste Kupferstich-Illustration eines in Deutschland gedruckten Buches erschien im Brevarium Eystettense, das Georg Reyer 1483 in Würzburg druckte (GW 5356; FERDINAND GELDNER: *Die deutschen Inkunabeldrucker.* Bd. 1. Stuttgart 1968, S. 230 und Abbildung 94 auf S. 231).

45. LÖFFLER-KIRCHNER, a.a.O., Bd. 2, S. 280 (FRITZ SCHRÖDER).

46. v. RATH/JUCHHOFF, a.a.O. (Anmerkung 41), S. 532 f.

gen, von denen wir überhaupt Kenntnis besitzen und gibt viele in Abbildungen wieder. Untersucht man das Wesen dieser Verbesserungen genau, so fällt auf, daß sie sämtlich ›gedanklich‹ im Bereich des Tiegelsystems liegen. Das heißt: jede Änderung bedeutet entweder die Verbesserung eines bereits vorhandenen Teils (z.B. Metall statt Holz, verzapfter Spindelbalken statt Krone plus Spindelbalken) oder aber die Verbesserung des Arbeitsablaufes (z. B. Kurbelantrieb des Schlittens). Keine Verbesserung ändert etwas am *Prinzip* des Systems oder des Arbeitsablaufes. Nirgends vermag man auch nur die Absicht zu erkennen. Nichts weist auf die Kenntnis oder gar Anwendung von Errungenschaften anderer, vergleichbarer technischer Systeme oder Abeitsabläufe hin. Man tat im schmalen Bereich der vertrauten Technik eher zaghaft als forsch Schritt vor Schritt; die Gehilfen verrichteten nur einfach ihre Arbeit. Die Meister achteten auf die Schönheit des Druckes oder auf die Güte des Textes, oder sie dachten an den Gewinn. Bis zum Ausbruch des 30jährigen Krieges wurden auf Grund dieser Antriebe alte Funktionen verselbständigt (z. B. Verleger, Stempelschneider und Schriftgießer), und neue traten hinzu (z. B. ab 1500 die Humanisten als gelehrte Textberater). In der Presse tauschte man – wie berichtet – die wichtigsten Holzteile in solche aus Eisen, Bronze oder Messing um. Der Druckvorgang blieb unverändert.

KARL FALKENSTEIN schrieb 1840[47]: »Während der Periode des Verfalls des Buchdrucks im 17. Jahrhundert blieb die Presse unbeachtet. Gutenbergs Nachfolger glaubten, genug getan zu haben, wenn sie alle Sonnabende den Staub von denselben abwischten. Erst gegen Ende des 18. Jahrhunderts ward sie wieder ein Pflegekind des Erfindergeistes.«

In der modernen Forschung kommt JULIUS RODENBERG zum gleichen Facit[48]: »Im 17. Jahrhundert, dem Jahrhundert des großen Krieges in Deutschland, erreichte die Druckkunst in den meisten Ländern ihren größten Tiefstand.«

Welche Gründe finden sich für dieses Phänomen?

Zum einen folgte auf den Krieg die Einführung des Absolutismus in einigen großen Ländern Europas. Das Buch wurde zur politischen Waffe für Anhänger und Gegner. Die Folge waren Zensur, Angst, Lähmung der Aktivität. Die Drucker und Verleger wichen auf billige Erbauungsliteratur einerseits und ›Bilderbücher‹ andererseits aus: Der Kupferstich hatte von 1660 bis 1750 seine große Zeit. Der aufkommende, vom Volk überwiegend prachtvoll-dekorativ empfundene Barock brachte eine Fülle ausgezeichneter Kupferstichbücher hervor. Kurze Texte wurden häufig gleich mitgestochen oder spielten eine völlig untergeordnete Rolle.

47. KARL FALKENSTEIN, a.a.O., (Anmerkung 5), S. 353.

48. JULIUS RODENBERG: *Der Buchdruck von 1600 bis zur Gegenwart.* In: Handbuch d. Bibl.-wiss. Bd. 1, S. 546.

Zum anderen nahmen gleichzeitig die Zunftzwänge und Zunftbräuche zunehmend schlimmere Formen an[49]. Die dadurch wachsende geistige und räumliche Enge mag ebenfalls ein entscheidendes Teil zur Verhinderung technischen Fortschrittes beigetragen haben.

Dennoch bleibt die Feststellung, daß Buchdrucker, Kupferstecher, Kupferdrucker und Buchbinder nie zuvor so eng zusammengearbeitet, ihre Arbeitsmethoden und Werkzeuge nie so nah und häufig gesehen hatten. Es bleibt auch die Tatsache, daß im 17. Jahrhundert ungeheuer viel gedruckt wurde[49], sowohl die erwähnte Erbauungsliteratur als auch die neu aufgekommenen Zeitungen und Zeitschriften. Es hätte somit genügend äußere Anstöße gegeben, über die Druckpresse nachzudenken, etwas gänzlich Neues zu erfinden, statt die größeren Aufträge durch das Aufstellen einer größeren Zahl von Pressen zu bewältigen. Dennoch wählte man letzteren Weg – warum?

Die Tiegelpresse war für die Buchdrucker längst ein perfektes Instrument, dessen Möglichkeiten und Tücken sie vollständig beherrschten. Viele Handwerker konnten sie bauen, weil sie sie kannten und jeder Drucker sie genauestens zu beschreiben vermochte. Die Presse war aber auch in dieser Form bereits seit 200 Jahren zum Symbol des Buchdrucks und der Buchdrucker geworden: sie erschien auf Druckermarken, Verlagssigneten und Zunftzeichen. Der Systembegriff ›Tiegel‹ bezeichnete in der Umgangssprache (nicht nur der Drucker) die ganze Presse[50], und zwar eben diese ganz bestimmte Presse. Große geistige Umformungen waren nötig, um einerseits eine innere Befreiung (z. B. von der Diktatur der Zünfte) zu bewirken und andererseits einen neuen Standpunkt, nämlich den des technischen Denkens, zu schaffen, von dem aus man weiter und tiefer blicken konnte.

Eine solche Wende bahnte sich durch die Aufklärung im 17. Jahrhundert an, wurde jedoch erst gegen Mitte des 18. Jahrhunderts wirksam[51] und zeitigte praktische Folgen im Bereich des Handwerks und der Technik. Betrachten wir die Terminologie:

49. RODENBERG, a.a.O., S. 548: »Was der gesunden Entwicklung ganz besonders hinderlich war und den Fortschritt lähmte, waren die rigorosen Zunftregeln.« – Vgl. auch das Verbot der Basler Buchdruckerzunft, welche Haas sen. von 1772 bis 1787 untersagte, die von ihm selbst konstruierte Buchdruckpresse in Betrieb zu nehmen (Anmerkung 33).

50. DIETERICHS, a.a.O., S. 15.

51. FRIEDRICH KLEMM: *Die Bedeutung der Technik in der Aufklärung*. In: Die BASF. 20. Ludwigshafen 1970, April, S. 3–10: Die ersten Publikationen neuer, durch empirische Forschung gewonnener Erkenntnisse der Mechanik wurden den ›höheren Kreisen‹ in den 20er und 30er Jahren zugänglich (S. 3). Weitere Verbreitung fanden sie mit kirchlicher und staatlicher Hilfe von der Jahrhundertmitte an (S. 9). Diderot und die ersten Enzyclopädisten brachten Frankreich in führende Stellung. In England profitierte die technische Entwicklung von der günstigen geographischen und wirtschaftlichen Position. Die staatliche Zerrissenheit hemmte in Deutschland die Auswirkungen.

Der Begriff Technik kam in diesem Jahrhundert überhaupt erst auf[52]. Der Begriff Maschine, vorher nur in Verbindung mit Festungsbau und Belagerungskunst gebraucht, erhielt seinen heutigen Sinn[53]. Auch die Bezeichnungen Industrie[54] und Ingenieur[55] gewannen ihre moderne Bedeutung.

In der Bergbautechnik und im Zeugdruck wurden revolutionierende Neuerungen eingeführt. JAMES WATT erfand die erste gebrauchsfähige Niederdruck-Dampfmaschine. Die Buchdrucker aber vermochten sich noch immer nicht aus den Verstrickungen ihrer Zunft- und Handwerksenge zu befreien, und noch am Ende des Jahrhunderts blieben die großartigen Techniker HAAS (1772) und STANHOPE (1787) im traditionellen Denken befangen: sie konstruierten neue Tiegeldruckpressen.

Wir müssen uns fragen, warum – wenn schon kein Buchdrucker die Überlegenheit des Walzenprinzips für den Hochdruck erkannte – sich auch unter den Kupferdruckern niemand fand, der auf seiner Walzenpresse den Hochdruck ausprobierte. Als Anregung dazu könnte man z. B. die enge Zusammenarbeit mit den Buchdruckern bei der Herstellung der großen Kupferstich-Bildwerke um 1700 einsetzen: es lassen sich schließlich ein paar Textzeilen schneller aus Lettern setzen als in Kupfer gravieren; darüber hinaus ist man mit Lettern wendiger und kann sie immer wieder benutzen. Führen wir uns noch einmal die Beschreibung der Walzenpresse in Abschnitt 4 sowie die Abbildungen 2 und 6 vor Augen:

Laufbrett, Kupferplatte, Papier und Filzauflage bestimmen den Mindestabstand zwischen den beiden Walzen. Die Stellschrauben an der oberen Walze verhindern, daß das Druckgut beim Durchdrehen die Walze höher drückt als gewünscht. Mit anderen Worten: die mindeste Kraft des Anpreßdruckes resultiert aus dem Eigengewicht der Walze, die höchste aus der Körperkraft der Drucker am Handrad (wenn nämlich die Stellschrauben fest angezogen sind).

Um Hochdruckformen abzudrucken, hätte es zunächst einer Feineinstellung des Abstandes beider Walzen, also haargenauer Regulierung des Anpreßdruckes, bedurft. Voraussetzungen wären gewesen: sehr präzise Anfertigung wenigstens der oberen Walze, d.h. genau zentrische Achse, glatte, planparallele Oberflächen; absolut plan gearbeiteter, parallel zur oberen Walze geführter Preßtisch.

Weiter hätte man eine Lösung des Transportproblems von Laufbrett und Druckgut finden müssen, denn der für Hochdruck vergleichsweise geringe Anpreßdruck hätte nicht den zum Durchdrehen der schweren Platte erforderlichen Reibungsdruck erzeugt. Darüber hinaus hätte dabei auch die Gefahr des Verschiebens des Papiers,

52. KLUGE/MITZKA, a.a.O., S. 774.
53. Ebd., S. 464.
54. Ebd., S. 326.
55. Ebd., S. 327.

also des Verwischens der Druckfarbe bestanden. Dieses Problem hätte man nur lösen können durch aufeinander abgestimmte Bewegungsgeschwindigkeit, sowohl der Walze als auch des Preßtisches. Man hätte also auch den Preßtisch mit einem Antrieb versehen müssen.

Ohne auf weitere Einzelheiten einzugehen, kann gesagt werden, daß ein derartiger Ausbau der herkömmlichen Walzenpresse zur Hochdruckpresse im 18. Jahrhundert technisch realisierbar gewesen wäre. Jedoch: die Kupferdrucker blickten nicht auf die ihnen uneinnehmbar erscheinende Bastion der Buchdrucker, sondern in eine andere Richtung: auf den Zeugdruck.

So berichtet OTTO M. LILIEN aus älterer französischer Literatur[56]: 1680 habe sowohl ein CHANDELIER Stoffe mittels gravierter Walzen hergestellt als auch die Witwe SAVOYE in Amiens; 1755 habe ein BONVALET in Amiens Stoffe mittels Walzen bedruckt, wobei jedoch nicht gesagt wird, ob in Hoch- oder Tiefdruck. (Nach den vorliegenden Untersuchungen halte ich Hochdruck für ausgeschlossen.)

Schließlich erwähnt LILIEN noch, daß THOMAS BELL, Kupferstecher aus Mosney, Lancashire, 1783 ein britisches Patent auf eine Tiefdruckmaschine mit gravierten Walzen zum mehrfarbigen Drucken auf Leinen und andere Ware oder Material, das man bedrucken kann, erhielt. Die Maschine wurde gebaut und hat funktioniert[57].

6
Conclusio

Wir sahen, wie sich im 15. Jahrhundert der Buchdruck im Umkreis der traditionellen Büchermacher entwickelte und wie der Kupferstich etwa gleichzeitig im Metallgewerbe bzw. in Künstlerateliers entstand. (Die Rolle Johannes Gutenbergs muß dabei bis auf weiteres ausgeklammert werden – so faszinierend Lehmann-Haupts Überlegungen auch sind, vgl. Anmerkung 12.) Die Buchdrucker wurden zu einem eigenen Stand, der Kupferstich zu einem graphischen Ausdrucksmittel der Kunst (Abschnitt 5, Absatz 3). Um 1550 lebten die beiden so verschiedenen Druckverfahren praktisch ohne Berührungspunkte nebeneinander her. Sie produzierten unterschiedliche Druckerzeugnisse (Bücher/Bilder) mittels technisch beinahe als gegensätzlich zu bezeichnenden Druckformen auf ganz verschiedenen Pressen (Abschnitt 3 und 4). Wir konstatierten vom heutigen Standpunkt aus die Überlegenheit des Walzenprinzips gegenüber dem Tiegelprinzip (Abschnitt 2, letzter Absatz) und untersuchten dann

56. OTTO M. LILIEN: *Die Frühgeschichte des Tiefdrucks bis zur Jahrhundertwende.* Frankfurt am Main 1959, S. 14.

57. Ebd., S. 13 mit Abbildung 3 und Anmerkungen 13–15.

chronologisch die möglichen Gründe dafür, daß es noch mehr als 250 Jahre brauchte, bevor ein Mann diese Tatsache erkannte und erfolgreich ausnützte.

In der Zeit von der Mitte des 16. bis zur Mitte des 17. Jahrhunderts beobachteten wir bei den Buchdruckern die Fortführung der Kontinuität im Handwerklichen, aber auch in der Entwicklung der Presse. Nach und nach wurden die wichtigsten und die dem Verschleiß am meisten ausgesetzten Teile aus Metall anstelle von Holz gefertigt. Das technische System wurde beibehalten; es scheint als nebensächlich empfunden worden zu sein. Brennender war die Trennung der Tätigkeiten: Schriftschneider und -gießer, Verleger und Drucker waren Anfang des 17. Jahrhunderts nicht mehr eine Person, sondern drei selbständige Gewerbe. Der Dreißigjährige Krieg und seine Folgen lähmten jede Aktivität (Abschnitt 5, Absatz 6).

Die zweite Hälfte des 17. Jahrhunderts stand in bezug auf die technische Entwicklung des Buchdrucks unter ganz besonders schlechten Vorzeichen: Zunftzwänge lähmten den Fortschritt, absolutistische Gewalt engte die Bewegungsfreiheit ein, der Barock mit seiner Prachtentfaltung begünstigte das Kupferstichbild gegenüber der Typographie (Abschnitt 5, Absatz 6). Diese Vorzeichen dominierten noch bis weit in das 18. Jahrhundert hinein, ehe ein neuer, von der Aufklärung vorbereiteter Zeitgeist schrittweise die Tore zur Zukunft, zum Maschinenzeitalter öffnete (Abschnitt 5, Absatz 7).

Weder die Buchdrucker noch die Kupferdrucker brachten einen Mann hervor, der als Techniker im neuen Sinne auch für den Buchdruck die Wende herbeiführte, obgleich alle technischen Voraussetzungen bereits bestanden. (Vgl. Fußnote 51.)

WILHELM HAAS sen. schrieb 1790[58]: »Seit Erfindung der Buchdruckerkunst ist vielleicht die Presse das einzige Werkzeug, um dessen Verbesserung man sich am wenigsten gekümmert hat. Es ist sich also billig zu wundern, daß man nach der Erfindung der Presse einen Zeitraum von mehr als 300 Jahren hat verstreichen lassen, ohne auf die Vervollkommnung dieser Maschine zu denken.«

Dieses Zitat ist ein lebendiges Zeugnis für die grundlegenden Wandlungen im letzten Drittel des 18. Jahrhunderts: In Verbindung mit der Erfindung der Buchdrukkerkunst spricht HAAS von ›Werkzeug‹, beim Thema Vervollkommnung sagt er ›Maschine‹.

Diese Formulierung bestätigt das Resultat unserer Untersuchungen: solange die Presse von den Buchdruckern als ein Werkzeug empfunden wurde, konnte es lediglich zu Verbesserungen kommen, aber niemals zu einem völligen Wechsel des technischen Systems. Eine Analogie findet sich in der dem Buchdruck unmittelbar benachbarten Buchbinderei: Vom 15. bis zum Anfang des 19. Jahrhunderts fanden kaum Verände-

58. ADOLF RHEIN: *Wie das Maschinenzeitalter in der Buchbinderei begann.* In: Allg. Anzeiger für Buchbindereien 75. Stuttgart 1962, Nr. 9, S. 634.

rungen statt, sowohl die Techniken, Verfahren und Werkzeuge als auch die Erzeugnisse der Buchbinderwerkstätten blieben die gleichen[59]. Maschinen wurden hier erst ab 1830 eingeführt.

Ob in all den Jahrhunderten ein Buchdrucker oder ein Kupferstecher je die Überlegenheit des Walzenprinzips gegenüber dem Tiegelprinzip erkannte, läßt sich nicht feststellen.

Die Buchdrucker blieben ihren überkommenen Methoden und Geräten treu. Sie benutzten sie, um vom 17. Jahrhundert an auch andere Erzeugnisse als Einblattdrukke und Bücher herzustellen: zunächst Zeitungen, später (ab Ende des 18. Jahrhunderts) auch kommerzielle Drucksachen wie Verpackungspapiere, Visiten- und Glückwunschkarten und anderes. Die zur Kniehebelpresse umkonstruierte Tiegelpresse behielt man für diese Erzeugnisse – neben FRIEDRICH KOENIGS Zylinder-Schnellpresse – noch im gesamten 19. Jahrhundert in Gebrauch.

Die Kupferdrucker benutzten ihre Presse seit dem 17. Jahrhundert auch zur Herstellung von Buntpapieren und zum Bedrucken von Stoffen. Sie erkannten schon früh, daß man statt der Platte auch eine der beiden Walzen gravieren und auf diese Weise nicht nur Bogen, sondern fortlaufende Bahnen bedrucken konnte. Derartige Bahnen aber gab es zunächst nur aus Stoff und erst ab Anfang des 19. Jahrhunderts auch aus Papier[60].

Die sachlichen und technischen Voraussetzungen, das Walzensystem für den Hochdruck nutzbar zu machen, haben mit großer Wahrscheinlichkeit vom Ende des 17. Jahrhunderts an bestanden. Aber erst im 18. Jahrhundert entwickelten sich die geistigen und wissenschaftlichen Grundlagen, auf denen ein begabter und gut ausgebildeter Mann wie FRIEDRICH KOENIG das, was bereits seit 250 Jahren in der Luft lag, realisieren konnte.

Der Ruhm allerdings, sich nachweislich als Erster mit der Idee der Verwendung eines Druckzylinders anstelle des Drucktiegels befaßt zu haben, gebührt nicht KOENIG, sondern dem Engländer WILLIAM NICHOLSON. Dieser erhielt bereits 1790 ein Patent, »in dem die Möglichkeit der Verwendung eines Zylinders zum Drucken in allgemeinen Wendungen erwogen worden war«[61].

59. HELLMUTH HELLWIG: *Das deutsche Buchbinder-Handwerk.* Bd. 1. Stuttgart 1962, S. 58 f.

60. ARMIN RENKER: *Geschichte des Papiers.* In: Handbuch d. Bibl.-wiss. Bd. 1, S. 1059 f.

61. HERMANN BARGE: *Geschichte der Buchdruckerkunst.* Leipzig 1940, S. 356. Koenig lernte dieses Patent 1807 kennen, hielt es jedoch für gänzlich unbrauchbar und versicherte später, daß er Nicholson und das Patent schon nach wenigen Tagen völlig vergessen und nichts daraus übernommen habe. (FRIEDRICH KOENIG: *Handbuch der Buchdruckerkunst.* Frankfurt am Main 1827.)

Abkürzungen häufig zitierter Literatur

Dieterichs = KARL DIETERICHS: *Die Buchdruckpresse von Johannes Gutenberg bis Friedrich Koenig.* Mainz 1930.

Feldhaus = FRANZ MARIA FELDHAUS: *Die Technik der Vorzeit, der geschichtlichen Zeit und der Naturvölker.* 2. Aufl. München 1965.

Handbuch d. B.-wiss. = *Handbuch der Bibliothekswissenschaft,* begr. von FRITZ MILKAU. 2. Aufl. hrsg. von GEORG LEYH. Bd. 1. Wiesbaden 1952.

Kluge/Mitzka = FRIEDRICH KLUGE: *Etymologisches Wörterbuch der deutschen Sprache.* 20. Aufl. bearb. von WALTHER MITZKA. Berlin 1967.

Löffler-Kirchner = KARL LÖFFLER, JOACHIM KIRCHNER,, WILHELM OLBRICH: *Lexikon des gesamten Buchwesens.* Bd. 1–3. Leipzig 1935–37.

Abbildungsnachweise

ABBILDUNG 1 System der Hochdruck-Tiegelpresse: Claus W. Gerhardt. ABBILDUNG 2 System der Tiefdruck-Walzenpresse. Claus W. Gerhardt. ABBILDUNG 3 Darstellung der Druckerpresse in Stumpffs Schweizer Chronik, Zürich 1548 bei Dieterichs, a.a.O., Abbildung 17 im Anhang. Im Original lautet die Schrift auf der Presse nicht SCHEER sondern SCHEFER (für SCHÖFFER?). ABBILDUNG 4 Buchdruckpresse in Vittorio Zonca ›Novo teatro‹, Padua 1607: Dieterichs, a.a.O., Abbildung 26 im Anhang. ABBILDUNG 5 Kupferdruckpresse in: Vittorio Zonca ›Novo teatro‹ Padua 1607. – Paul Kristeller: Kupferstich und Holzschnitt in 4 Jahrhunderten. 3. Aufl. Berlin 1921, S. 416, Abbildung 551. ABBILDUNG 6 Kupferdruckpresse im Gutenberg-Museum, Mainz. Anfang des 19. Jahrhunderts. Photo: Emich, Nieder-Ramstadt.

ANMERKUNGEN

Die vorstehende Erörterung – 1969 verfaßt, im Gutenberg-Jahrbuch 1971, S. 43–57 veröffentlicht – besitzt im ganzen unverändert ihre Gültigkeit; Einzelheiten allerdings können nun nach eingehender Bearbeitung der Entwicklung des Buchdruckverfahrens für meine Monographie berichtigt und ergänzt werden.

ERGÄNZUNGEN ZU DEN FUSSNOTEN

Fußnote 1: Für Einzelheiten und Quellennachweise siehe C. W. GERHARDT: *Der Buchdruck. Geschichte der Druckverfahren T. II.* Stuttgart 1975 (Bibliothek des Buchwesens, hrsg. von H. WIDMANN. 3), S. 107–111, Abbildung 26 und 27 und Fußnote 393–411.

Fußnote 2: Ebd., S. 146 (Register): ›Tiegeldruckpresse‹.

Fußnote 4: Ebd., S. 40–43.

Fußnote 5: Ebd., S. 91 f.

Fußnote 10: Heute setzt man die ›Geißelung Christi‹ des Meisters dieser Passionsfolge (wie auch die Spielkarten) nicht vor 1450 an. Vgl. FRIEDRICH ADOLF SCHMIDT-KÜNSEMÜLLER: *Gutenbergs Schritt in die Technik.* In: Der gegenwärtige Stand der Gutenberg-Forschung, hrsg. von H. WIDMANN. Stuttgart 1972 (Bibliothek des Buchwesens, hrsg. von H. WIDMANN. 1), S. 146 f.

Fußnote 12: (am Ende): Vgl. den Beitrag über *Die Zeichnung 4761 von Windsor* in diesem Band, oben.

Fußnote 14: Nach der Wiederentdeckung der Madrider Leonardo-Handschriften steht fest, daß die Zeichnungen Leonardos im ›Codice Atlantico‹ auf spätestens 1495 zu setzen und somit früher als die Abbildung im Lyoner Totentanz sind. Die von Leonardo allerdings nur in Ausschnitten, nicht vollständig, gezeichnete Presse besitzt bereits die Büchse, den an der Druckform scharnierartig befestigten Deckel mit Rähmchen sowie einen Karren, der über Walze und Riemen durch eine Handkurbel bewegt werden kann. Vgl. GERHARDT: *Buchdruck,* S. 63–65 m. Abbildung 14 und 15 und Nachweisen nach ›Il Codice Atlantico . . .‹ Bl. 357^r und 372^r.

Fußnote 24: 1481 waren bereits aus Metall gegossene Tiegel in Gebrauch, zumindest bei Joh. Amerbach in Basel und Adolf Rusch in Straßburg. Vgl. GERHARDT: *Buchdruck,* S. 65 f und Fußnote 222.

Fußnote 25 und folgende Textspalte: Kurbelantrieb nicht erst 1507, sondern bereits um 1495 in den Zeichnungen Leonardos, vgl. Fußnote 14, oben.

Fußnote 31: Metallischer Tiegel/Spindel-Bereich 1620–1683/4 vgl. GERHARDT: *Buchdruck,* S. 84 f. und Abbildung 19.

Fußnote 32 bis 34: Vgl. *Ebd.,* S. 90–92.

Fußnote 35: Zur Richtigstellung vgl. Fußnote 10, oben.

Seite 92 unten: »Dieterichs beschreibt alle Verbesserungen...« Jetzt wäre neben meiner Monographie wenigstens noch heranzuziehen JAMES MORAN: *Printing Presses. History from the Fifteenth Century to Modern Times.* London 1973 und HANS-JÜRGEN WOLF: *Geschichte der Druckpressen.* Frankfurt am Main 1974.

Die Verwendung des Prägedrucks in der heutigen Praxis von Verpackung und Werbung

Überlegungen, Gestaltungsbeispiele und deren technische Ausführung

Massenkonsum und Arbeitskräftemangel diktieren unser wirtschaftliches Geschehen. Die Automation hat sich noch nicht genügend weit entwickelt und verbreitet, um der Nachfrage nach Arbeitskräften ein ausreichendes Angebot gegenüberstellen zu können. Der Verbrauch an allen Gütern des täglichen Lebens aber wächst weiter. Und nicht nur das, auch die Qualitätsansprüche des Verbrauchers steigen. Der Konkurrenzkampf verschärft sich. Die Konsumgüterindustrie hat Probleme, und zwar nach innen wie nach außen. Sie muß investieren, um ihre Fertigung zu rationalisieren. Sie muß größere Aufwendungen für die Verpackung ihrer Produkte machen – einerseits deswegen, weil der Konsument mit Recht eine einwandfreie Verpackung fordert, andererseits aber auch aus dem nicht weniger wichtigen Grunde, daß der Verkauf sich immer stärker durch Selbstbedienung abwickelt.

Die Qualität der Verpackung muß derjenigen der Ware ebenbürtig oder eher um eine Spur überlegen sein. Eine Steigerung des einen erfordert eine Verbesserung des anderen. Viele Wege führen dahin. Die Verpackungsmittel-Hersteller und ihre Lieferanten entwickeln neue Materialien; sie arbeiten an der Veredlung, an den Maschinen, an neuen Gestaltungsformen. Das ist ebenso notwendig wie wichtig.

Aber geht die Suche nach Neuem nicht ein wenig zu schnell? Wird nicht Vorhandenes und Bewährtes oft verworfen, nur weil man es kennt, ohne daß die bestehenden Möglichkeiten schon voll ausgeschöpft wären?

Es ist so – und darum sei davor gewarnt, Neuheitensucht mit ernster Forschung und Entwicklung zu verwechseln. Die vielen älteren, technisch ausgereiften Methoden und Verfahren mit ihren Maschinen und Materialien bieten zahllose Möglichkeiten, die kaum oder gar nicht genutzt werden.

Eine ganze Anzahl solcher Möglichkeiten bietet der *Prägedruck* mit seinen verschiedenen Verfahren. Er läßt in bezug auf Form und Größe, Material, Ausrüstung und Gestaltung vielfältige Abwandlungen zu. Zu diesem Zweck stehen Maschinen zur Verfügung, die eine rationelle Fertigung kleinster wie größter Mengen erlauben.

Eine solche Vielfalt gestattet es, den Prägedruck nahezu für die gesamte Konsumgüterindustrie und dort wieder für fast alle Produkte einzusetzen.

In der Tat geschieht das – gemessen am Gesamtangebot – jedoch nur in geringem Umfang, und zwar deshalb, weil die gegebenen Möglichkeiten viel zuwenig bekannt sind. Der vorliegende Aufsatz soll einen Beitrag leisten, diesem Mangel abzuhelfen.

Über die verschiedenen Prägedruckverfahren sei hier nur das Nötigste gesagt*.

Prägedruck heißt ›gleichzeitiges Drucken und Prägen‹. Mit Prägedruck ist nicht der zum Prägen erforderliche Anpreßdruck gemeint, wie vielfach angenommen wird. Nach DIN ist ›Drucken die Wiedergabe einer . . . Darstellung . . . durch Übertragung von Druckfarbe . . . mittels einer Druckform‹. Dagegen bewirkt Prägen ›eine Verformung des Materials‹. Der Prägedruck tut beides gleichzeitig und bildet somit eine neue Kategorie. Diese Kategorie gehört jedoch als neue Gruppe unbedingt in das bekannte System der Druckverfahren: erstens, weil die modernen Prägedruck-Erzeugnisse immer in Konkurrenz zu einem oder mehreren der (nach DIN als solche anerkannten) Druckverfahren stehen: auch Prägedruck-Erzeugnisse sind Drucksachen; zweitens, weil Prägedruckmaschinen von reinen Druckmaschinen abgeleitet wurden und von Druckmaschinenfabriken hergestellt werden; drittens, weil vieles andere, zum Beispiel Farben, Bedruckstoffe, Hilfsmaterial usw., mit den von anderen Druckverfahren benutzten Stoffen identisch ist.

Die Druckform heißt Prägedruckplatte und ist für alle drei Prägedruckverfahren gleich. Entscheidend ist, daß die textliche oder bildliche Darstellung seitenverkehrt in eine Stahl- oder eine Messingplatte eingetieft wird, wobei Modulationen (Relief) häufig vorkommen.

Eintiefungen gibt es auch bei den Druckformen für Hoch- und Tiefdruck. Sie dienen dort jedoch anderen Zwecken als beim Prägedruck, wo die Eintiefung und die stehenbleibende Fläche gleich wichtig sind und erst zusammen das Prägedruckbild ergeben.

Beim *Flächen-Prägedruck* (alte Bezeichnung: Siegelmarkenprägedruck) wird die Oberfläche der Platte verhältnismäßig dünn (mit Buchdruckfarbe) eingefärbt; die Eintiefungen bleiben farbfrei. Sie erscheinen auf dem Abdruck in der Farbe des Bedruckstoffes und in erhabener Prägung. (Vgl. den ›Hahn‹ im Anhang dieses Bandes.)

Beim *Linien-Prägedruck* (alte Bezeichnung: Stahlstichprägedruck) füllt man die Eintiefungen mit Farbe, während die Oberfläche der Prägedruckplatte farbfrei gewischt wird. Die erhabene Prägung ist farbig.

* Vom gleichen Verfasser: *Was ist Prägedruck?* In ›Der Polygraph‹, Heft 1 und 2, Frankfurt 1966. – *Handbuch für die Verwendung von Prägeetiketten*, Heusenstamm 1966.

2

4

3

5

ABBILDUNG 1

Prägedruck-Beispiel ist das Etikett. Es besteht aus weißem Hochglanzpapier; Marke (links oben) und unteres Drittel sind hochglänzend goldener Trokken-Prägedruck mit schwarzer Buchdruckschrift. Der Produktname ist schwarzer, erhabener Linien-Prägedruck.

ABBILDUNG 2

Eine Festkartonage mit Lederpapier und Goldstreifen sollte für einen bestimmten Markenartikelhersteller individualisiert werden. Dazu prägte man ein Etikett mit dem Hauswappen: Rand, Sterne und Wappen reliefartig goldgeprägt auf schwarzem Grund.

Alle Abbildungen: aus Produktion und Archiv der GWH Offizin Darmstadt.

ABBILDUNG 3

Dieses Packungs-Oberteil besteht aus einem holzfreien, matten Karton. Der Text wurde in rotem und schwarzem Buchdruck ausgeführt, das Wappen in einem zweiten Rot vorgedruckt. Wappen- und Flakondarstellung im letzten Arbeitsgang hoch geprägt (Farblosprägung).

ABBILDUNG 4

Gegeben war eine in Vierfarbendruck hergestellte Faltschachtel. Blickpunkt wurde das Etikett aus schwerer goldener Spiegelglanzfolie mit schwarzer Tiefprägung der Schrift.

ABBILDUNG 5

Das Photo zeigt eine tief dunkelgrüne Sektflaschenbanderole. Es ist das Grün der gefüllten Flasche. Aufgeprägt ist hochglänzendes metallisches Gold (Trocken-Prägedruck), zum Teil flachliegend, zum Teil reliefartig geprägt. Schrift in grünem Buchdruck.

Beim *Trocken-Prägedruck* (alte Bezeichnung: Heißprägung) ist beides möglich, weil keine ›nasse‹, sondern eine trockene Farbe verwendet wird. Sie ist auf hauchdünne Kunststoffbänder aufgedampft und wird durch Erhitzung der Prägeplatte beim Prägedruckvorgang übertragen.

Bei allen drei Verfahren erfolgen Druck und Prägung gleichzeitig, und es kann ein und dieselbe Prägeplatte verwendet werden. Maschinen und Farben unterscheiden sich wesentlich voneinander. Sie sind nicht austauschbar.

Die Farblosprägung allerdings (Blindprägung) läßt sich auf annähernd allen Druck- und Prägepressen ausführen, ebenso wie die Tiefprägung. Die meisten Prägedruck-Platten eignen sich auch für *Farblosprägung.*

Die Grundplatte für *Tiefprägung* ist ebenfalls eine Prägedruckplatte; jedoch werden dabei textliche und bildliche Darstellung seitenrichtig eingetieft.

Da jedoch in dem einen Fall (Farblosprägung) nur geprägt und im anderen Falle (Tiefprägung) getrennt nacheinander gedruckt und geprägt wird, sind beides keine echten Prägedruckverfahren, sondern Ergänzungen.

Schon von alters her kennt man die Prägung von Münzen, Medaillen und Siegeln. Welche hohe Wertvorstellung damit verbunden wurde und wird, geht daraus hervor, daß viele Begriffe vom Prägen in die Umgangssprache eingegangen sind, so zum Beispiel: dieses Ereignis hat sich ihm *eingeprägt;* er hat einen *ausgeprägten* Sinn für Technik; dieses Erlebnis *prägte* seinen Charakter; oder: er gebrauchte *erhabene* Worte; seine Handschrift trägt das *Siegel* des Noblen; diese Handlung drückte ihm den *Stempel* auf; usw. (Vgl. hierzu ›Geprägte Form‹ im Anhang diese Bandes.)

Die hohe Wertvorstellung, die sich mit erhabener Prägung schon immer verband, geht ferner daraus hervor, daß die ersten Prägedruckerzeugnisse in der Mitte des vorigen Jahrhunderts einerseits die amtlichen Behördensiegel (Siegeloblaten, Siegelmarken) und andererseits die frühen Postwertzeichen waren (erste englische Briefmarke = Linien-Prägedruck/Stahlstichprägung, erste österreichische, Schweizer und bayerische Briefmarke = Flächen-Prägedruck). Noch heute und gerade in jüngster Zeit wieder wurden Briefmarken mit Prägedruck in Umlauf gesetzt: Tonga Islands 1965 = Flächen-Prägedruck; England 1966 (historische Serie) = Trocken-Prägedruck.

Noch heute versehen viele Markenartikelhersteller Spitzenprodukte mit geprägten Papiersiegeln. Von den Münzen und Medaillen hat sich aber noch ein weiteres Charakteristikum auf den Prägedruck übertragen: die technische Möglichkeit der Verwendung von Gold und Silber und damit deren Bevorzugung. Man kann in den Prägedruck-Verfahren Gold- und Silberfolien als Bedruckstoff (Flächen-Prägedruck, Linien-Prägedruck, Trocken-Prägedruck) und auch als Druckfarbe verwenden (Trokken-Prägedruck).

6

7

8

9

10

ABBILDUNG 6

Bei dieser Werbekarte wurden technisch alle Möglichkeiten ausgespielt. Vierfarbiger Buchdruck imitiert die plastische Wirkung der Elfenbeinhand auf blauem Grund. Eine nachträgliche Farblosprägung der Hand steigert die Wirkung. Der Text ist weißer Linien-Prägedruck.

ABBILDUNG 7

Das Werbeetikett wurde farblos aus metallisch matter Silberfolie geprägt und gestanzt. Durch ein besonderes Verfahren erzielte man eine patinaähnliche Vertiefung der durch die Prägung ohnehin entstandenen Schatten.

ABBILDUNG 8

Das Jubiläumsetikett von Opel ist ein ganz einfacher Flächen-Prägedruck: erhaben geprägte Teile Glanzgold auf zart in Mattgold gedruckter Fläche.

ABBILDUNG 9

Eine mattsilberne Ton-in-Ton-Prägung ohne jeden zusätzlichen Farbeffekt.

ABBILDUNG 10

Der schwarze (Buchdruck-)Text steht scharf auf weißem Hochglanzkarton. Das Air-France-Signet wurde hochglänzend Gold in Trocken-Prägedruck aufgeprägt (Zweistufenprägung).

Die nachstehende Tabelle gibt einen Überblick über die hier gezeigten typischen Beispiele der Verwendung des Prägedrucks in der heutigen Praxis von Verpackung und Werbung.

Verpackung:	Verfahren:	Branche/Artikel:
1. Elbchaussee	LP/TP/Buchdruck	Kosmetikflasche
2. Braune Packung	FP als Etikett	Taschentuchpackung
3. Kölnisch Wasser	FA/Buchdruck	Kosmetikpackung
4. Joya	TIE als Etikett	Kosmetikpackung
5. Harth	TP/Buchdruck	Sektflasche
Werbung:	**Verfahren:**	**Branche/Artikel:**
6. Rose	LP/FA/Buchdruck	Werbekarte für Kosmetik
7. Allianz	FA/Patina	Werbeetikett/Versicherung
8. Opel	FP	Jubiläumsetikett/Auto
9. Otto Motor	FA	Jubiläumsetikett/Maschinenbau
10. Air France	TP/Buchdruck	Werbezündhölzer

Erläuterung der Abkürzungen:

FP = Flächen-Prägedruck, LP = Linien-Prägedruck, TP = Trocken-Prägedruck,
FA = Farblosprägung, TIE = Tiefprägung

Die erhabene Prägung und das reliefartig geprägte, matte oder glänzende Gold ergeben, bei Beachtung der ästhetischen Gesichtspunkte der formalen Gestaltung, ein Druckerzeugnis von höchstmöglichem Image.

Welche Gefahren geschmacklicher Art sich dabei auftun, wie wichtig also die verantwortungsbewußte und verfahrensgerechte Gestaltung solcher Prägedrucksachen ist, liegt auf der Hand.

Die Beispiele wurden nach mehreren Gesichtspunkten ausgewählt, an erster Stelle nach der Photographierbarkeit. Prägedruck, besonders in Verbindung mit Metallfolien oder metallischen Druckfarben, läßt sich verständlicherweise photographisch nur sehr mangelhaft wiedergeben. An die Phantasie des Betrachters müssen daher größere Anforderungen gestellt werden, weshalb vorstehend noch eine erläuternde Beschreibung jedes Beispieles gegeben ist.

Weiter wurde bei der Auswahl darauf geachtet, daß alle Prägedruck-Möglichkeiten wenigstens einmal in typischer Form vertreten sind.

Schließlich sollten auch noch ein paar, möglichst verschiedene Gestaltungsformen aus der Vielfalt des Realisierbaren gezeigt werden. Eine Auswahl allein nach ästhetischen Gesichtspunkten war deshalb nicht möglich.

Die Tabelle auf Seite 106 gibt einen Überblick über die gezeigten typischen Beispiele der Verwendung des Prägedrucks in der heutigen Praxis von Verpackung und Werbung.

Alle Prägedruck-Verfahren sind bis heute (von der Maschinenseite her) noch auf maximal DIN A 3, teilweise sogar kleiner, begrenzt. Das engt die Möglichkeiten ein, denn größere Formate scheiden aus technischen Gründen aus, sehr hohe Auflagen kleinerer Formate (zum Beispiel mehrere hunderttausend A 4) aus wirtschaftlichen.

Das sind jedoch die einzigen Einschränkungen. Der verbleibende Spielraum ist groß genug. Er ist sogar so groß, daß er bis heute noch nicht voll ausgeschöpft werden konnte. Dabei geht die technische Entwicklung weiter.

Man darf annehmen, daß für Linien-Prägedruck und Trocken-Prägedruck in Kürze mit größeren und schneller laufenden Maschinen gerechnet werden kann, während beim Flächen-Prägedruck die Formate bleiben. Hier werden jedoch durch einen ersten Schritt in Richtung Rotation höhere Geschwindigkeiten angestrebt.

Dennoch wird der Prägedruck auch künftig das Image des Exklusiven behalten: erstens aus technischen Gründen – weil man dem Problem der schnellen Trocknung von Prägedrucken auf Gold- und Silberfolien noch nicht nähergekommen ist, weshalb größere und schnellere Maschinen nur bedingt eingesetzt werden können, und zweitens aus den schon angeführten ästhetischen Gründen – weil zum Beispiel ein goldenes Prägesiegel einem Markenartikel nicht erst den Wert verleihen, sondern nur einen bereits vorhandenen Wert bestätigen kann.

ANMERKUNGEN

Obwohl der Beitrag bereits im Polygraph Jahrbuch 1969, S. 286–292 veröffentlicht worden ist, besitzt die Prämisse – Besinnung auf vorhandene Technologien statt unbesonnener Neuheitensucht – noch immer ihre Gültigkeit.

ERGÄNZUNGEN

Zu Fußnote Seite 2: Ferner C. W. GERHARDT: *Prägedruck und Siebdruck. Geschichte der Druckverfahren* T. I. Stuttgart 1974 (Bibliothek des Buchwesens, hrsg. von H. WIDMANN. 2), S. 27–42.

Zu Seite 104: ». . . die ersten Prägedruckerzeugnisse in der Mitte des vorigen Jahrhunderts . . .« Brokatpapiere, hergestellt im Trocken-Prägedruck-Verfahren, gibt es bereits seit Ende des 17. Jahrhunderts. (Vgl. GERHARDT: *Ebd.*, S. 43–54), Farblosprägungen noch früher (*Ebd.*, S. 56 f.)

Zu Seite 107: »Prägedruck . . . läßt sich . . . photographisch nur sehr mangelhaft wiedergeben«. Dieser Umstand veranlaßte die Veröffentlichung eines Buches, in welchem die Möglichkeiten und Wirkungen der verschiedenen Verfahren durch *Original-Prägedrucke* vorgeführt werden. C. W. GERHARDT und H. WIDMANN: *Geprägte Form/Embossed Forms.* Darmstadt 1972, zweisprachig deutsch und englisch (vgl. das Prägedruckbeispiel und die weiteren Angaben im Anhang dieses Bandes).

Seite 105 oben: Für den Trocken-Prägedruck stehen inzwischen Maschinen bis zu einem max. Bogenformat 102 × 142 cm zur Verfügung. Eine Übersicht der wichtigsten Prägedruckmaschinen in Europa bietet GERHARDT: *Prägedruck und Siebdruck,* S. 130 f.

Technologie und Praxis des Druckens und Prägens mit Farbfolien

Einleitung

In der Mitte des 15. Jahrhunderts entwickelte Johannes Gutenberg in Mainz das erste Verfahren zur mechanischen Vervielfältigung von Texten. Nicht das schon seit etwa 500 vor Christus in China bekannte Stempeln mit Punzen aus Holz und Metall, nicht das um 600 nach Christus gleichfalls in China beginnende Abreiben oder Abdrucken von mit Texten und Bildern gravierten Holzplatten (Blockdruck), sondern erst Gutenbergs Technik weist alle technologischen Kriterien eines *Druckverfahrens* auf[1]. Da er dieses Verfahren primär zum Druck von Büchern konzipiert hatte und auch anwendete, erhielt es die Bezeichnung *Buchdruck*. Seit dem Ende des 19. Jahrhunderts rechnet man das Buchdruckverfahren zur Gruppe *Hochdruck*. Der Hochdruck ist dadurch gekennzeichnet, daß sich die druckenden Teile jeder Druckform (zum Beispiel Typensatz, Holz- oder Metallplatte, Klischee) in gleichmäßiger Höhe über dem Grund der Form befinden. Die Oberfläche der druckenden Teile ist absolut plan und wird vor dem Abdruck mit einer speziellen Farbe dünn eingefärbt.

Ebenfalls aus der Mitte des 15. Jahrhunderts datieren die frühesten Erzeugnisse der Gruppe *Tiefdruck:* die Kupferdrucke[2]. Der oder die Erfinder sowie Ort und Zeitpunkt der Erfindung sind unbekannt. Zum Druckverfahren wurde diese Technik, als die Walzenpresse und mit dieser bestimmte Arbeitsabläufe zur Serienproduktion entwikkelt waren. Nachweisbar ist dies erst um 1550 der Fall, wahrscheinlich jedoch bereits um 1470[3]. Der Tiefdruck ist dadurch gekennzeichnet, daß die druckenden Teile leicht

1. Zur Definition *Druckverfahren* vgl. CLAUS W. GERHARDT: *Die Anfänge des Prägedrucks.* (Mainzer Diss.), Darmstadt 1969, S. 21: »Eine Vervielfältigungstechnik kann als Druckverfahren bezeichnet werden, wenn erstens eine, den technischen Möglichkeiten der betreffenden Zeit entsprechende, voll leistungsfähige technische Anlage arbeitsbereit ist; wenn man zweitens mit dieser Anlage eine optimale Druckqualität erreicht, und wenn drittens das Verfahren bei größtmöglicher Vielseitigkeit der Anwendung alle quantitativen Anforderungen (der Zeit) erfüllt.« Die gebotene Definition bezieht sich auf Druckverfahren im technikgeschichtlichen Entwicklungsprozeß. In einer rein technologischen Definition bleiben selbstverständlich sowohl Qualität als auch Quantität außer Betracht.
2. Kupferdrucke kommen nach 1450 auf (vgl. CARL WEHMER: *Gutenbergs Typographie.* In: Festschrift Scholderer, Mainz 1970, S. 465 f.) und nicht, wie bisher angenommen, bereits 1446.
3. *Warum wurde die Gutenberg-Presse erst nach über 350 Jahren durch ein besseres System abgelöst?* In diesem Band.

ABBILDUNG 1
Gotischer Plattenstempelband, Berlin ÖWE: Ms. germ. quart. 1136 (z.Z. Marburg: WB). Aus: Handbuch der Bibliothekswissenschaft, 2. Aufl., hrsg. von Georg Leyh, Bd. 1, Wiesbaden 1952, S. 812 (verkleinert).

ABBILDUNG 2
Brokatpapier des Verlags Hinrich Heerdegen jun., Wörth um 1730, Nationalmuseum München. Aus: Albert Haemmerle: Buntpapier, München 1961, S. 110, Abb. 97 (verkleinert).

in die Oberfläche jeder Druckform (zum Beispiel Platte, Zylinder) eingetieft sind. Die flüssige Farbe wird vor dem Abdruck in diese Vertiefungen gebracht, die Oberfläche jedoch wieder farbfrei gewischt.

Und schließlich gehen auch die Anfänge eines dritten Druckverfahrens, des *Prägedrucks,* auf die Mitte des 15. Jahrhunderts zurück: Venezianische Buchbinder preßten erstmals Blattgold mit heißen Eisen auf Einbände[4]. Da man gravierte Metallplatten für den sogenannten Blinddruck längst kannte (Abbildung 1), war es vom flachen Abdruck bis zum gleichzeitigen Drucken und Prägen nur ein kleiner Schritt – zum Prägedruck mit *trockener* Farbe, zum Trocken-Prägedruck. Wie die ›Handvergoldung‹ ausgeübt wurde, beschreibt ADOLF RHEIN nach dem berühmten Meister CH. E. PREDIGER (1441–43)[5]. Wiederum kann von einem Druckverfahren jedoch erst gesprochen werden, als eine geeignete Presse und die erforderlichen Verfahrenstechniken entwickelt waren (Abbildung 2), und das geschah im Falle des Trocken-Prägedrucks kurz vor 1700[6].

4. MAX JOSEPH HUSUNG/FRIEDRICH ADOLF SCHMIDT-KÜNSEMÜLLER: *Geschichte des Bucheinbandes.* In: Handbuch der Bibliothekswissenschaft, begr. von FRITZ MILKAU, 2. Aufl., hrsg. von GEORG LEYH, Bd. 1, Wiesbaden 1952, S. 817.
5. ADOLF RHEIN: *Das alte Freihandvergolden.* In: Allg. Anzeiger f. Buchbindereien. 72. Stuttgart 1959, S. 63 f.
6. ALBERT HAEMMERLE: *Buntpapier.* München 1961, S. 79.

Aus dieser Gegenüberstellung gewinnt man eine Reihe wichtiger Erkenntnisse: Die drei frühesten Druckverfahren einschließlich des Holzschnittes standen anfangs ganz im Dienst des Buches, genauso wie der um 1800 hinzutretende *Flachdruck*. Sie waren somit auf den Bedruckstoff Papier und dessen nächste Verwandte, Karton und Pappe, bezogen. So kommt es, daß das Bedrucken von Textilien, Metallen und Kunststoffen einerseits und das Bedrucken von dreidimensionalen Formen andererseits noch heute als Spezialgebiete gesondert betrachtet werden. Deshalb bleibt auch in diesem Aufsatz die Anwendung des Trocken-Prägedrucks für andere als sogenannte Druckerzeugnisse außer Betracht.

Bei Hoch- und Tiefdruck dienen die hoch- beziehungsweise tiefliegenden Teile der Druckform lediglich zum Festhalten der Farbe. Die bei der Herstellung dieser Druckformen zwangsläufig entstehenden reliefartigen Modulationen wirken sich beim Abdruck nicht aus. In beiden Fällen liegt die Farbe flach auf dem Bedruckstoff, und man erwartet vom Drucker, daß er eine Verformung des Bedruckstoffes möglichst vermeidet. Beim Prägedruck tritt zur Funktion der Druckform als Farbträger ihre Funktion als reliefartige Prägeplatte, denn mit *einer* Form wird gleichzeitig gedruckt und geprägt. Die Farben für den Hochdruck und für den Tiefdruck sind im Augenblick des Einfärbens und des Druckens naß; sie trocknen erst auf dem Bedruckstoff. Die Farben für den Trocken-Prägedruck sind in jeder Phase trocken.

Die beiden anderen Haupt-Druckverfahren entstanden später, und zwar im 19. Jahrhundert: der Steindruck, seit Ende des 19. Jahrhunderts zur Gruppe *Flachdruck* gerechnet und Anfang des 20. Jahrhunderts zum Offsetdruck weiterentwickelt, und der Siebdruck, den man – analog zu den anderen Gruppen – seit 1950 als *Durchdruck-Verfahren* bezeichnet.

500 Jahre lang erfolgte die Vervielfältigung von Text und Bild nach dem Vorbild der Gutenbergschen Erfindung durch die Berührung einer speziellen Druckform und einer speziellen Farbe mit dem Bedruckstoff. Erst in jüngster Zeit entstehen neue Methoden der Übertragung ohne Berührung. Die Prinzipien der Photographie einerseits und der elektrostatischen Möglichkeiten andererseits haben diese neuen Wege eröffnet.

Technologie

1. PRÄGEDRUCK

Das einheitliche Prinzip des Prägedrucks[7] besteht darin, daß mit *einer* Prägedruckplatte in *einem* Vorgang (zum Beispiel Maschinenhub) gleichzeitig gedruckt und geprägt wird. Das verbindende Faktum zwischen den drei Prägedruckverfahren ist dadurch gegeben, daß man mit einer einzigen Prägedruckplatte alle drei Prägedruckverfahren ausführen kann – wenn auch mit Hilfe von drei verschiedenen Farbarten und auf drei verschiedenen Maschinentypen.

Wenn die Platte mit dem seitenverkehrt eingetieften Druckbild oberflächlich mit einer Farbe strenger Konsistenz eingewalzt wird, erscheint auf dem Papier ein farbiger Fond mit weiß geprägtem Druckbild. Dieses Verfahren heißt *Flächen-Prägedruck* (vgl. den ›Hahn‹ im Anhang dieses Bandes). Werden in derselben Platte die Vertiefungen mit einer etwas flüssigeren Farbe gefüllt und wird die Oberfläche vor dem Farbdruck farbfrei gewischt, so erscheint das Druckbild farbig geprägt auf dem Papier. Das ist *Linien-Prägedruck*.

Ein *Trocken-Prägedruck* entsteht, wenn die Prägedruckplatte erhitzt wird und beim Prägedruckvorgang eine *Farbfolie* zwischen Platte und Papier liegt. In diesem Fall entscheidet die Zurichtung mit Hilfe der Matrize, ob Fond *und* Druckbild farbig wiedergegeben werden oder nur der Fond farbig und das Druckbild weiß erscheinen. In beiden Fällen jedoch ist das Druckbild geprägt.

7. Die Kraft, welche beim Prägen aufgewendet wird, heißt nicht Prägedruck, sondern Anpreßdruck. Unter *Prägedruck* sind ausschließlich die nachfolgend beschriebenen Druckverfahren zu verstehen.

Durch *Drucken* wird Farbe auf die Oberfläche eines Bedruckstoffes übertragen, und zwar (theoretisch) derart, daß dadurch keinerlei Erhebungen oder Vertiefungen in dem Bedruckstoff entstehen.

Pressen bewirkt ein konturenscharfes Eintiefen des Druckbildes in den Bedruckstoff, wodurch rückseitig indifferente Erhebungen entstehen.

Durch *Prägen* wird das Druckbild aus dem Bedruckstoff konturenscharf hervorgehoben, und es entstehen auf der Rückseite indifferente Vertiefungen.

An dieser Stelle wurde 1966[8] die von mir erarbeitete Terminologie des Prägedrucks erstmals im Zusammenhang erläutert und gleichzeitig die Forderung erhoben, die drei Prägedruck-Verfahren als Gruppe anzuerkennen und sie als solche in das System der Druckverfahren einzuordnen. Die Terminologie fand seither Zustimmung und – zuerst zögernd – Anwendung.

Widerspruch erhielten sowohl die These der Einheitlichkeit der Gruppe als auch deren Zuordnung zu den Druckverfahren. Der Widerspruch kam von technologischer Seite, nicht aus den Reihen der Praktiker. Es zeigte sich, daß das Problem erneut aufgegriffen und getrennt unter den beiden Gesichtspunkten – Technologie und Praxis – untersucht werden muß, um auf diese Weise vielleicht zu einer Lösung zu gelangen. Ein Verzicht auf die damals erhobene Forderung ist jedoch heute viel weniger vertretbar als 1966: Die ständig zunehmende Anwendung des Prägedrucks macht nunmehr baldmöglichst in die Zukunft weisende (statt an der Tradition haftende) Maschinenkonstruktionen nötig[9]. Zur Schaffung der theoretischen, technischen und ökonomischen Voraussetzungen hierfür muß eine selbständige, einheitliche Gruppe Prägedruck gleichwertig neben Hoch-, Flach- und Tiefdruck treten – nur dann kann sich die Wissenschaft seiner annehmen, nur dann kann sich ein spezieller Wirtschaftsverband etablieren, nur dann wird die Aufgabe für eine große Druckmaschinenfabrik interessant.

Die heute noch bestehende Zersplitterung ist der Grund, weshalb das (nach Buch-, Offset- und Tiefdruck) quantitativ viertgrößte Druckverfahren technisch die vergleichsweise konservativste Ausrüstung besitzt.

Zur technologischen Zuordnung: DIN 8580 definiert die »Begriffe der Fertigungsverfahren«. In Abschnitt 3 heißt die zweite Hauptgruppe *Umformen*. Zu dieser Hauptgruppe gehört unter anderem das *Druckumformen:*

8. Claus W. Gerhardt: *Was ist Prägedruck?* In: Der Polygraph, 19, Frankfurt am Main 1966, Heft 1, S. 16 und 18, Heft 2, S. 71 f. Aufgrund dieser und weiterer Veröffentlichungen hat die Terminologie inzwischen Anklang gefunden. Leider konnten sich die Publicitystärksten, die Maschinenfabriken und Farbfolienhersteller, noch nicht dazu entschließen.
9. Einzige rühmliche Ausnahme für einen bestimmten Anwendungsbereich ist der OHZ f. Prägedruck (vgl. Kap. Drucktechniken und Maschinen).

»Hierzu zählen die Verfahren, bei denen das Fließen in der Umformzone überwiegend durch eine von außen aufgebrachte Druckbeanspruchung bewirkt wird, zum Beispiel Stauchen, Fließpressen, Formpressen.« Ohne uns jetzt an der fehlenden Differenzierung zwischen Prägen (= hoch) und Pressen (= tief) zu stören, kann festgestellt werden, daß der *Prägevorgang* bei Flächen-Prägedruck, Linien-Prägedruck und Trocken-Prägedruck unter diese Hauptgruppe gerechnet werden muß.

Das *Drucken* hingegen gehört zur fünften Hauptgruppe, dem *Beschichten.* Der Originaltext lautet: »Beschichten ist das Aufbringen einer fest haftenden Schicht aus formlosem Stoff auf ein Werkstück. Maßgebend ist der unmittelbar vor dem Beschichten herrschende Zustand des Beschichtungsstoffes.«

Zweifellos trifft diese Charakterisierung für alle Hoch-, Tief- und Flachdruckverfahren ebenso zu wie für den *Druck*vorgang bei Flächen-Prägedruck und Linien-Prägedruck. Der Druckvorgang bei Trocken-Prägedruck schließlich gehört in die vierte Hauptgruppe von DIN 8580, dem *Fügen:* »Fügen ist das Zusammenbringen von zwei oder mehr Werkstücken oder . . .«

Die Farbfolie des Trocken-Prägedrucks ist ein durch *Beschichten* (Drucken und Aufdampfen) veredeltes Werkstück, der Bedruckstoff bildet das zweite. Beide werden durch *Stoffverbinden* (hier Kleben) »gefügt«.

Rein technologisch betrachtet bestehen für die Prägedruckverfahren zwei generelle Möglichkeiten der Einordnung: a) als *Präge*verfahren (in diesem Falle zu den Verfahren des *Umformens* gehörend); b) als Druckverfahren (dann allerdings müßte man den Flächen-Prägedruck in der Gruppe Hochdruck und den Linien-Prägedruck in der Gruppe Tiefdruck suchen, während man den Trocken-Prägedruck überhaupt nicht hier, sondern bei den Verfahren des *Fügens* finden würde).

Aus diesen Darlegungen wird ersichtlich, daß das *Prägen* (Umformen) die technologisch einheitliche Komponente der drei Prägedruckverfahren ist, während das *Drukken* zwei verschiedenen Gruppen (Beschichten und Fügen) angehört.

ROLF AGTE von der Fogra, München, hat somit *theoretisch* recht, wenn er unter Bezugnahme auf diese DIN-Definitionen der Fertigungsverfahren sagt: »Man kann beide (gemeint zwei verschiedene Fertigungsverfahren) kombinieren, doch entsteht dadurch weder ein neues Verfahren der Verformung noch ein neues Verfahren der Beschichtung!«[10]

Praktisch aber hat er unrecht, denn es bestehen nun einmal seit über 500 Jahren neben den von ihm (und den DIN-Ausschüssen) bereits anerkannten Gruppen Hoch-, Tief-, Flach- und Durchdruck die Prägedruck-Verfahren. Daß es sich dabei historisch, technologisch und praktisch um eine einheitliche Gruppe von Druckverfahren handelt, wurde hinlänglich nachgewiesen.

10. Schreiben an mich vom 18. 2. 1970.

In allen Prägedruck-Verfahren tritt zur Uneinheitlichkeit der Auffassungen zwangsläufig ein terminologischer Wirrwarr. Das Trocken-Prägedruck-Verfahren beispielsweise wird Heißprägen, Heiß-Prägedruck, Prägetechnik, Heißsiegeln, Folienprägung, Farbfoliendruck und anders genannt. Entsprechend bezeichnet man die Farbfolien zum Beispiel als Prägefolien, Heißsiegelfolien, Rollenfolien und anderes mehr; den Bedruckstoff zum Beispiel als Prägegut, die Platten als Prägeklischees, Stahlstempel, Messinggravuren usw. Der Vorgang selbst wird erstaunlicherweise einheitlich Prägen genannt – allerdings auch dann, wenn in Wirklichkeit gepreßt oder gedruckt wird.

2. FARBEN UND BEDRUCKSTOFFE

Die Farben für den Trocken-Prägedruck werden vom Hersteller auf hauchdünne Bänder aufgetragen und sind in jeder Phase des Druck- und Prägedruckvorgangs trocken. Auf diese ausschließlich dem Trocken-Prägedruck eigene Besonderheit werde ich zurückkommen.

Historischer Vorläufer der heutigen Farbfolien ist das Blattmetall, welches den meisten alten Hochkulturen bekannt war (Abbildung 3). Man verwendete es meist gold- und silberfarbig (und durchaus nicht immer echt) zum Belegen von Schmuck und Waffen, Kunst- und Kultgegenstände, edlerem Hausgerät, Prunkkleidung und vielem mehr[11].

Daß es um 1450 bereits in Deutschland bekannt war, wurde eingangs erwähnt. LEONARDO DA VINCI zeichnete und beschrieb um 1500 verschiedene Walz- und Hammerwerke zur mechanischen Herstellung von Blattmetall, 1554 wurde die Metallschlägerei in Nürnberg ein geschworenes Handwerk (Abbildung 4).

Neben Blattgold und -silber fertigte und verkaufte man vor allem Imitationen: das goldfarbige Messing, das silberne Zinn und auch gefärbte Folien[12].

Zinn war besonders beliebt, weil man mittels eines gelben Lackfarbenüberzugs den Goldeffekt am mühelosesten erzielen konnte. Die ältesten deutschen Patente für die Herstellung von Farbfolien[13] und Bronzefolien[14] erhielt ERNST OESER in Berlin 1892

11. FRANZ MARIA FELDHAUS: *Die Technik der Vorzeit, der geschichtlichen Zeit und der Naturvölker.* 2. Aufl., München 1965, Sp. 707 f. Hieraus geht hervor, daß die erste Prägefolie nicht (wie ERICH ALBRECHT schrieb – vgl. Anhang/Literatur) »durch Ernst Oeser vor 75 Jahren«, sondern weit früher erfunden wurde.

12. Folie (lat. folium) heißt Blatt. Aus *Blattgold* wurde *Foliengold* bzw. *Goldfolie* und folglich *Farbfolie.* Obwohl ein Pardoxon, verwendet man heute den Begriff Folien (wohl im Sinne von ›dünn wie ein Blatt‹) allgemein auch dann, wenn es sich um Rollenmaterial handelt.

13. Farb-Prägefolien, Patent Nr. 75846, erteilt am 20. 6. 1894, Beginn am 24. 7. 1892 [sic].

14. Bronze-Prägefolien, Patent Nr. 151546 vom 1. 5. 1903.

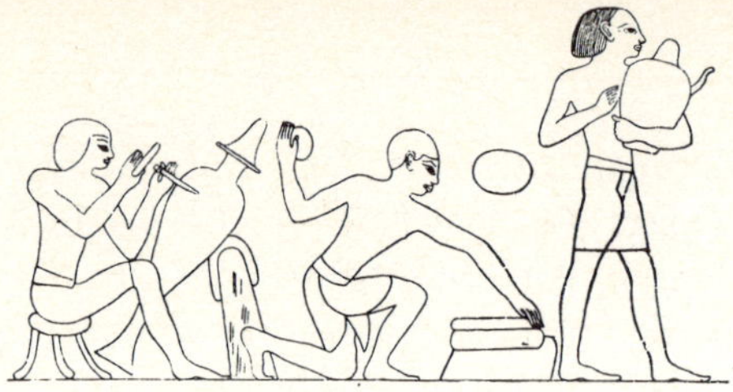

ABBILDUNG 3
Goldschläger um 1450 v. Chr.,
nach einer Malerei in einem Grab zu Theben.
Aus: Franz Maria Feldhaus:
Die Technik der Vorzeit,
der geschichtlichen Zeit und der Naturvölker,
2. Aufl., München 1965, Sp. 707.

ABBILDUNG 4
Nürnberger Goldschläger vom Jahre 1689.
Aus: Feldhaus a.a.O., Abb. 3, Sp. 708.

beziehungsweise 1903. Trotz fortgeschrittener Mechanisierung wurden noch immer nur Bogen hergestellt.

Der nächste entscheidende Schritt erfolgte durch LEONHARD KURZ in den dreißiger Jahren; denn ihm gelang es 1934 erstmals, Echtgoldfolie im Vakuum mittels Kathodenzerstäubung zu metallisieren[15] und zwar in Rollenform. Heute ist diese Form selbstverständlich: Herstellverfahren als auch Drucktechnik bedingen sie.

Als Grund- oder Trägermaterial für Farbfolien werden Mylar, Polyester, Pergamyn und Zellglasfolie verwendet[16]. Die Folien sind etwa 1 mμ stark; sie sind hitzebeständig sowie außerordentlich zäh und dabei sehr elastisch. Auf bis zu 1400 mm breite Rollen dieses Materials bringt man durch Bedrucken, Beschichten und Bedampfen eine unterschiedliche Zahl verschiedener Schichten auf. Die Zusammenstellung der Schichten hängt vom Verwendungszweck[17], vom Verarbeitungsverfahren[18], vom Bedruckstoff[19] und von der jeweiligen Färbung[20] ab. Grundsätzlich benötigt man mindestens vier

15. Kurz Prägefolien. Prägefolien-Programm. Fürth 1971, S. 1.
16. Kurz Prägefolien a.a.O., S. 3–7 und Oeser, Prägefolien (Katalog), Göppingen 1971, S. 6–12.
17. Verwendungszweck, z.B.: Wiedergabe zarter Schriften und Linien, Wiedergabe grober Schriften und Linien, Flächendruck, Übereinanderdruck.
18. Verarbeitungsverfahren, z.B.: Rollendruck, Bogendruck, halbautomatisch, vollautomatisch, reiner Trocken-Prägedruck, Trocken-Prägedruck kombiniert mit Buch-, Offset- oder Flexodruck.
19. Bedruckstoffe, z.B.: Naturpapier und -karton, Chromoluxpapier und -karton, Offsetpapier und -karton, Kunststoffe verschiedener chemischer Zusammensetzungen, Leder, Holz, Gewebe, Aluminiumfolie.
20. Färbung, z. B.: metallisch, nichtmetallisch, echtgold, hochglänzend, seidenglänzend, matt, verschiedene Farbtöne.

ABBILDUNG 5 A

Moderner Trocken-Prägedruck auf Hochglanzpapier Chromolux.
Es handelt sich um eine Banderole für eine Sektflasche. Das Papier ist zuerst im gleichen Grün gedruckt, welches die gefüllte Flasche aufweist. Sodann ist in positivem Trocken-Prägedruck das gesamte goldene Motiv und gleichzeitig in einfachem Trockendruck die darunter liegende waagerechte Linie mit dem Text »Deutscher Sekt« gedruckt. Die übrigen Texte wurden später nach Bedarf in Buchdruck hinzugefügt (verkleinert). Aus: Sammlung Dr. Gerhardt, Darmstadt.

ABBILDUNG 5 B

Beispiel eines Mehrfarben-Trocken-Prägedrucks
auf ungestrichenem beidseitig glattem Mellotex-Papier, das nach dem Doppellangsieb-System hergestellt worden ist und demzufolge zwei Seiten mit gleichen Druck- bzw. Prägeeigenschaften aufweist.

Schichten: eine Trenn- oder Wachsschicht, eine Lackschicht, eine Farbschicht und eine heißsiegelfähige Klebeschicht. Maximal kommen in der Regel acht Schichten vor, wobei dann die Gesamtstärke der fertigen Farbfolien 2 mμ selten übersteigt.

Die Lack-, Wachs- und Klebeschichten werden in Beschichtungsanlagen aufgetragen. Die Farbschichten werden entweder durch farbigen Lack erzeugt oder im Tiefdruck gedruckt. Die Erzeugung der Metall- und Hochglanzeffekte sowie die Übertragung von echtem Gold (bis 23 Karat) erfolgen durch Kathodenzerstäubung in einer Hochvakuumanlage.

ABBILDUNG 6

Ägyptisches Motiv, in Messing geätzt und im negativen Trocken-Prägedruck gedruckt auf mattes Offsetpapier 120 g/m². Die ganz matten Partien zeigen keinen Hochglanz, sondern eine Art Seidenglanz, weil die Papieroberfläche matt und nicht glatt ist. Aus: Claus W. Gerhardt und Hans Widmann: Geprägte Form/Embossed Forms. Darmstadt 1972, Nr. 83, S. 70.

Die großen Herstellerwerke[21] gliedern ihr Angebot an Farbfolien für den Trocken-Prägedruck im wesentlichen in zwei Hauptgruppen:
a) nach der Oberfläche (Farbart)[22] und b) nach dem Bedruckstoff[19].

Innerhalb der Gruppe b werden noch besondere Eigenschaften angeboten, wie zum Beispiel alkoholfest, tesatestbeständig, besonders scharfzeichnend, für Flächendruck, für Übereinanderdruck, zum Bedrucken von Lackflächen usw.

21. In Deutschland, z. B.: Firma Leonhard Kurz, Fürth (Bayern) (vgl. Anmerkung 15) und Ernst Oeser & Söhne, Göppingen (vgl. Anmerkung 16).
22. Oberfläche/Farbart, z. B.: metallischer Hochglanz und Seidenglanz, Gold, Silber und Farben, nichtmetallische Pigmentfarben, Echtgold, Bronzetöne, Emailfarben.

Als Sonderprodukt der Farbfolien-Hersteller gelten die Dekorfolien. Sie werden einerseits in bestimmten endlosen, mehrfarbigen Mustern hergestellt, zum Beispiel Marmor, Holz, Schlangenhaut, andererseits aber auch mit bestimmten Sujets vorgefertigt. So kann man zum Beispiel ein komplettes mehrfarbiges Etikett vorfabrizieren lassen und dann in der Druckerei in einem einzigen Arbeitsgang mittels einer heißen Platte von der Trägerfolie auf den Bedruckstoff übertragen. Einheitliches Kennzeichen aller Farbfolien ist die Tatsache, daß die Farbe in jeder Phase der Anwendung trocken bleibt – also auch bei Erhitzung nicht weich wird oder gar abfärbt – sowie die Notwendigkeit, beim Druckvorgang gleichzeitig Anpreßdruck und Wärme anzuwenden.

Für den Trocken-Prägedruck als Druckverfahren kommen die gleichen Bedruckstoffe in Frage wie für die anderen Druckverfahren; und so, wie es dort einfach und schwierig zu bedruckende Stoffe für jedes Verfahren gibt, verhält es sich auch hier. Wie erwähnt, bleibt hier die Verwendung des Trocken-Prägedrucks außerhalb des Bereichs der Druckindustrie; sie bleibt also zum Beispiel für das Bedrucken von Behältern und Bleistiften, für Vergoldarbeiten usw. außer Betracht.

Von allen anderen Druckverfahren unterscheidet sich der Trocken-Prägedruck in der Anwendung vor allem durch seine spezifischen Eigenschaften beim Übereinanderdruck, und so bestehen auch hier die besonderen Wechselwirkungen mit dem Bedruckstoff. Die Trockenfarbe bildet nämlich als Haarlinie wie als Fläche einen hauchdünnen, geschlossenen Film, der durch Anpreßdruck und Hitze auf die Oberfläche des Bedruckstoffes »geklebt« wird. Das hat zweierlei zur Folge: erstens, daß die Farbe fast hundertprozentig deckt, und zweitens, daß die Struktur des Bedruckstoffes – etwas abgeschwächt – auch auf der Oberfläche der Farbe sichtbar ist.

Soll also eine glatte, hochglänzende Farbfläche erzeugt werden, dann muß auch die Oberfläche des Bedruckstoffes glatt und hochglänzend sein. Daß er außerdem die Belastungen von durchschnittlich 120° C Hitze und mindestens 50 kp/cm^2 Anpreßdruck aushalten sowie prägefähig, also gut verformbar sein muß, ist Voraussetzung zur Eignung für den Trocken-Prägedruck.

Es erstaunt selbst den Fachmann, wie viele Bedruckstoffe (Papier, Karton, Pappe, Gewebe, Kunststoffe, Metallfolien) bedruckbar und prägefähig sind.

Mehrschichtige Materialien können problematisch bis unbrauchbar sein (zum Beispiel Bristolkarton oder Chromopapier). Wenn derartige geklebte und gestrichene Stoffe allerdings eine überdurchschnittliche Rohstoff- und Verarbeitungsqualität aufweisen (zum Beispiel kaschierte Alufolie oder Chromolux-Material [vergleiche dazu auch Abbildung 5]), dann eignen sie sich um so besser für den Trocken-Prägedruck. Daß Bedruckstoff, Farbfolie und Maschine – letztere wegen der Notwendigkeit einer gleichmäßigen Erwärmung der gesamten Plattenoberfläche und einer exakten Temperatureinhaltung – »zueinander passen« sollten, weiß jeder Praktiker[23]

Man *muß* also unbedingt die Struktur der Oberfläche des Bedruckstoffes beachten, *kann* aber umgekehrt bei verfahrensgerechtem Design eine solche Struktur auch wirkungsvoll zur Geltung bringen (Abbildung 6). Bei keinem anderen Druckverfahren ist es so wichtig wie beim Prägedruck (und bei Trocken-Prägedruck ganz besonders), daß verfahrensgerecht gestaltet und geplant wird. Folienfarben sind verhältnismäßig teuer; eine Rückgewinnung (wie im Tiefdruck) ist ausgeschlossen. Farbe kann auch nicht durch einwandfreie Farbführung (wie bei Buch- und Offsetdruck) eingespart werden, sondern nur durch den verfahrensgerechten Entwurf.

Bei der Umrandung eines Etiketts zum Beispiel geht die gesamte Farbfolienfläche innerhalb dieses Rahmens verloren, was zu unverantwortlich hohen Kosten führt. Sachkundige Designer sind anderseits in der Lage, durch Ausnutzung der drei verschiedenen, jedoch gleichzeitig einsetzbaren Varianten des Trocken-Prägedrucks (Negativprägung, Positivprägung und -pressung sowie Flachdruck – vergleiche das folgende Kapitel) mit wenig mehr als den Buchdruckkosten weit attraktivere Wirkungen zu erzielen (Abbildung 5).

Die fast absolute Deckkraft der Farbe ermöglicht es, eine helle über eine dunkle Farbe zu drucken. Die Eigenart der Platten (vergleiche das folgende Kapitel) verhindert eine Rasterung und somit auch das Mischen verschiedener Farben.

All diese spezifischen Eigenarten des Trocken-Prägedrucks und die besonders starken Abhängigkeiten aller Elemente untereinander (Farbfolie, Platte, Bedruckstoff, Maschine) bedingen eine so intensive Zusammenarbeit zwischen Gestalter, Plattenhersteller und Drucker, wie es sie seit den Zeiten des Holzschnitts und Kupferstichs nicht mehr gab. Das damals noch realisierbare Ideal, daß alle drei Funktionen in einer Hand liegen, läßt sich in der modernen Druckindustrie leider nicht mehr erreichen.

3. DRUCKTECHNIK UND MASCHINEN

Der Trocken-Prägedruck bedarf als Druckform der sogenannten Prägeplatte. Sie kann aus einer Magnesium-Zink-Legierung, aus Messing oder Stahl bestehen. Die Reihenfolge der Aufzählung zeigt den Härtegrad an. Welche Härte erforderlich ist, wird durch die Feinheit des Design, die Höhe der Auflage und den Maschinentyp

23. Er weiß auch, daß z. B. die Kombination von Luxorfolie (Leonhard Kurz) mit Chromoluxmaterial (Zanders Feinpapier, Bergisch-Gladbach), auf Heidelberger Tiegel oder Zylinder verarbeitet, für hochglänzende Flächen mit flacher, aber scharfer Prägung ideal ist.

entschieden. Von der Härte der Platte hängen die Bearbeitungsmöglichkeiten und somit auch die Kosten ab.

Je weicher die Platte ist, desto besser läßt sie sich ätzen, desto schlechter ist andererseits aber die Prägefähigkeit. Die Zinklegierung läßt sich praktisch nur ätzen, folglich auch nur drucken. Messing kann geätzt und graviert, Stahl kann lediglich angeätzt und muß hauptsächlich graviert werden. Da der Prägedruck ein in die Platte eingetieftes und in allen Details sauber ausgearbeitetes Relief und außerdem einen höheren Anpreßdruck erfordert, kommen nur Messing und Stahl dafür in Frage.

Der Trocken-Prägedruck erlaubt einfaches, flaches Drucken; er bietet zwei Varianten des Prägedrucks: den Negativprägedruck und den Positivprägedruck sowie dessen Umkehrung, den Preßdruck. Für flaches Drucken genügt (bei geringer Auflage und niedrigem Anpreßdruck) eine tief und an den Konturen steil geätzte Hochdruckform – zum Beispiel eine Strichätzung aus Zink oder ein »Buchbinder-Golddruckstempel« aus Messing: Alle Teile des Druckbildes liegen in einer (Hoch-)Ebene; die Vertiefungen haben lediglich den Zweck, der Farbfolie die Unterlage zu entziehen; wo sie aufliegt, gibt sie ihre Farbschicht unter Druck und Wärme an den Bedruckstoff ab.

Die einfache Übertragung von Farbfolie auf den Bedruckstoff ohne bewußte, gleichzeitige Verformung des Materials ist *Drucken,* nicht Prägen (Abbildung 7 A).

Als »Negativen Trocken-Prägedruck« bezeichnet man eine Technik, wie sie Abbildung 7 B zeigt: innerhalb einer Farbfolienfläche oder einer Farbfolienkontur wird ein Gestaltungselement in der Farbe des Bedruckstoffes hochgeprägt.

Abbildung 7 C ist »Positiver Trocken-Prägedruck«. In diesem Fall wird die goldene Farbfolie zugleich mit dem *Drucken* innerhalb derselben Konturen auch hochgeprägt.

Eine Umkehrung des positiven Trocken-Prägedrucks ergibt den »Preßdruck« (Abbildung 7 D): das Relief ist auf der Prägeplatte seitenverkehrt erhaben gearbeitet und wird beim Druckvorgang in den Bedruckstoff eingepreßt.

Es leuchtet ein, daß man für den negativen, den positiven Trocken-Prägedruck und den Preßdruck verschieden gearbeitete Platten und Matrizen sowie jeweils eine spezielle Zurichtung benötigt. Dennoch kann man alle vier Varianten in einem einzigen Maschinenhub drucken, prägen und pressen.

In der negativen Platte liegt das zu prägende Druckbild deutlich unter der Oberfläche; das setzt voraus, daß rings um das geprägte Druckbild, genau entlang seiner Kontur, mindestens ein schmaler Metallsteg auf der allgemeinen Oberflächenhöhe der Platte stehenbleiben muß. Die vertiefte Gravierung selbst hat sanft geschrägte Facetten; der Grund kann flach oder gewölbt sein.

Die Gravierung, also das zu prägende Druckbild der positiven Trocken-Prägedruckplatte, ist flacher, denn die Farbfolie muß durch Matrize und Zurichtung bis in die Tiefe gedrückt werden, um überall voll auf dem Metall zu liegen. Das gleiche gilt in

A Trockendruck

Eine runde Fläche soll in Gold gedruckt werden. Der Plattenhersteller reißt auf der polierten Seite einer rechteckigen und rechtwinkligen Metallplatte den Kreis im genauen Maß auf und entfernt das Metall außerhalb dieser Kreislinie etwa 2 mm tief. Die Flanken der dadurch entstehenden Scheibe sollen steil sein. Die Matrize soll eben, glatt und sehr hart sein, damit der Abdruck konturenscharf wird und sich der Bedruckstoff nicht (oder möglichst wenig) verformt.

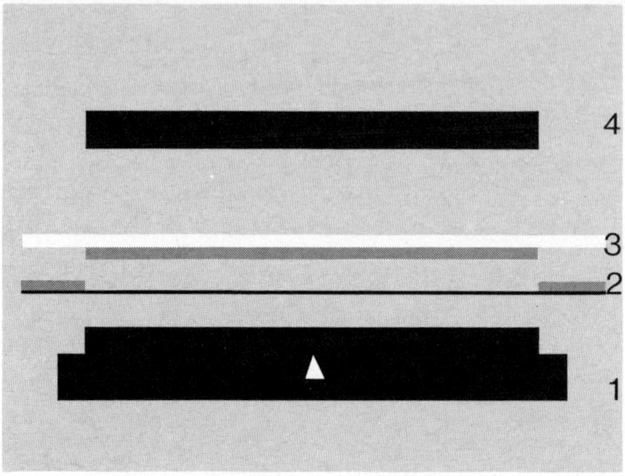

B Trocken-Prägedruck negativ

Das Prägedruckbild wird seitenverkehrt mit steilen Flanken in die Metallplatte eingetieft. Auf der harten, glatten Oberfläche der Matrize dagegen wird es in weichem Material in leichter Wölbung erhaben aufgesetzt. Es muß erreicht werden, daß die in die Platte eingetieften Bildteile farblos prägen, während die Plattenoberfläche farbig (hier golden) druckt.

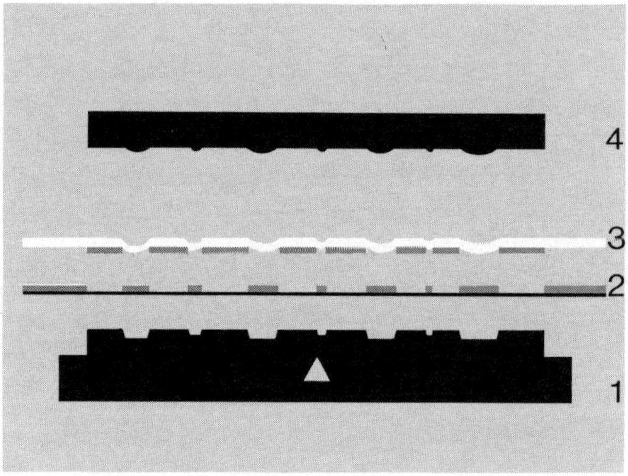

Vgl. hierzu die Originale im Anhang dieses Bandes.

C Trocken-Prägedruck positiv

Das Prägedruckbild wird seitenverkehrt mit steilen Flanken, in beliebigem Querschnitt und variabler Tiefe in die Metallplatte eingetieft. Die mittelharte Matrize muß das genaue Gegenstück zu der reliefierten Oberfläche der Platte bilden. Die Farbfolie liegt in sämtlichen Höhen und Tiefen voll auf der Platte auf. Flächen und Relief werden gleichzeitig farbig (hier golden) gedruckt und geprägt.

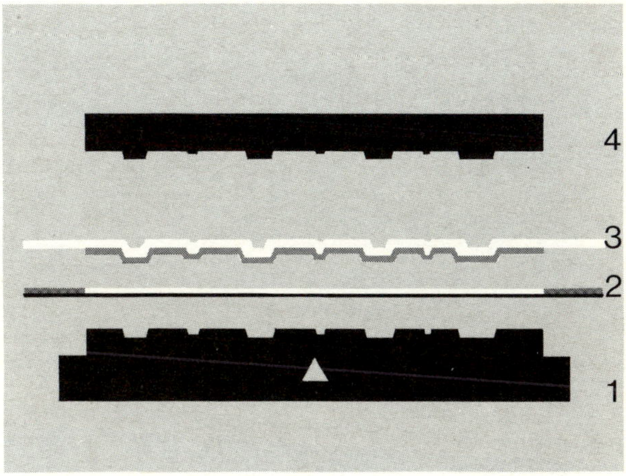

D Trocken-Preßdruck

Das Druckbild wird seitenverkehrt mit weniger steilen Flanken, in beliebigem Querschnitt und variabler Höhe aus der Oberfläche der Platte herausgearbeitet. Die mittelharte Matrize muß das genaue Gegenstück zu der reliefierten Oberfläche der Platte bilden. Die Farbfolie liegt in sämtlichen Höhen und Tiefen voll auf der Platte auf. Flächen und Relief werden gleichzeitig farbig (hier golden) gedruckt und gepreßt.

Zeichenerklärung:

1 = Druckplatte (Patrize).

2 = Farbfolie, von der z. T. die Farbschicht bereits abgelöst ist.

3 = Bedruckstoff mit bereits übertragener Farbschicht.

4 = Matrize.

ABBILDUNG 9

Heidelberger GTP. Hier sind alle wesentlichen Teile deutlich zu sehen, einschließlich der seit Anfang 1972 hinzugekommenen Programmsteuerung der Vorzug-Automatik. Links der Tisch mit der Möglichkeit, vier verschiedene bis 11,5 cm breite Folienbahnen einzuspannen.

ABBILDUNG 10

Heidelberger GTP im Augenblick des Druckens. Links unter dem Tisch 1) Vorwahl der Anzahl der Kurzvorzüge mit Digitalanzeige. 2) Einstellung der Länge der Lang- und Kurzvorzüge. 3) Hubmagnet zur Auslösung des Langvorzuges. Der Weg der Farbfolienbahn von rechts unten nach links oben läßt sich gut verfolgen.

der Umkehrung für den Preßdruck. Beim Prägedruck mit der Negativplatte dagegen spannt sich die Folie straff über die Vertiefung, so daß an dieser Stelle keine Farbübertragung auf den Bedruckstoff erfolgen kann.

In der Kombination mit anderen Druckverfahren liegt eine weitere Stärke des Trocken-Prägedrucks. Die volle Deckkraft und der metallische Glanz seiner Farben ermöglichen wirkungsvolle Ergänzungen beispielsweise zu einer mattgedruckten Offsetfläche oder einem meisterlichen Buchdruck-Vierfarbensatz auf Kunstdruckpapier.

ABBILDUNG 11
Kieß & Gerlach HP 70. Rechts Vorzug-Einrichtung für Farbfolien. Links werden die fertigen Etikettenrollen nach Abziehen des überflüssigen Papiers aufgerollt.

ABBILDUNG 12
Kieß & Gerlach HP 70: Schmalschneide-, Abzieh- und Aufwickelvorrichtung nach dem Druck.

Das folgende Kapitel gibt einen Überblick über die Vielzahl der Druckerzeugnisse beziehungsweise Anwendungen des Trocken-Prägedrucks. Die Spannweite reicht vom nur 1 cm^2 kleinen Papieretikett bis zur Luxusfaltschachtel aus 400 bis 500 g/m^2 schwerem Karton im abgewickelten Format über DIN A 3. Es ist verständlich, daß die Maschinenindustrie zur adäquaten Bewältigung dieser nach Format, Material und Auflagehöhe sehr verschiedenen Druckaufgaben spezielle Maschinen entwickelt hat.

Als Universalmaschine steht für Bogendruck und für Rollenetiketten je ein Maschinentyp zur Verfügung:

Der »Heidelberger Spezial-Stanz-Automat für Gold- und Farb-Rollenfolien und für Heißprägen«, Format 34 × 46 cm, GTP genannt. 1959 als erster spezieller Automat für Trocken-Prägedruck auf den Markt gekommen, wurden von diesem Typ bis Ende 1971 etwa 2000 Stück verkauft (Abbildungen 9 und 10). Statt des Farbwerkes der sonst konstruktiv gleichen Buchdruckmaschine befinden sich an derselben Stelle Transportwalzen, Vorzugautomatik mit Programmsteuerung GTP 410 und Aufwickelvorrichtung für die Farbfolien. Von einem Seitentisch ausgehend, können maximal vier Folienbahnen eingeführt, umgelenkt und dann zwischen Prägeplatte und Tiegel nach oben geführt werden. Alternativ lassen sich breitere Rollen im Fundament einstecken, so daß eine Folienbahn bis etwa 30 cm Breite von dort direkt nach oben

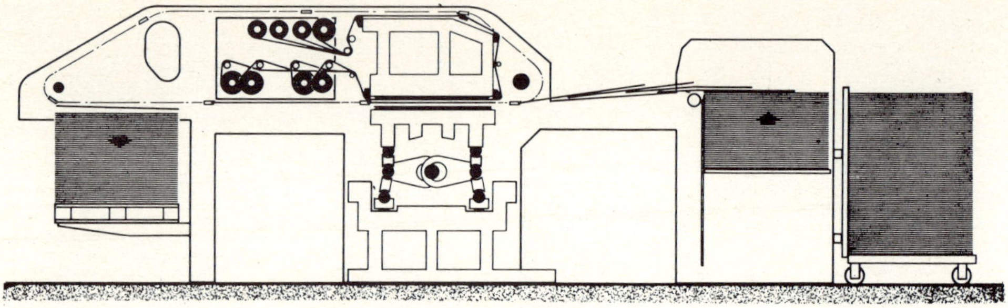

ABBILDUNG 13
Maschine Bobst SP 1260-BM (Vorgänger der noch größeren SP 1420 EGC). Schemazeichnung von der Seite. In dem rechteckigen Hohlraum links sieht man oben vier Folienspulen und unten die vier Vorzug-Einrichtungen für Abfallfolie.

ABBILDUNG 14
Zurichtung an der Bobst SP 1260.

geführt werden kann. Da die Maschine solide und preisgünstig ist und Bedruckstoffe von 40 bis 500 g/m² bewältigt, hat sie sich die Spitzenposition erobert.

Als Universalmaschine für Rollenetiketten in Trocken-Prägedruck gilt der Typ HP 70 der Firma Kieß & Gerlach, Stuttgart. Diese Neukonstruktion einer Firma, die seit 1890 Etikettenmaschinen baut, kam 1966 auf den Markt (Abbildungen 11 und 12). Sie ist leicht zu bedienen, arbeitet sicher, leise und schnell und erlaubt die Herstellung von selbstklebenden und naßgummierten Etiketten in zwei (bei geringfügiger Modifikation der Standardausführung) bis vier Farben. Etiketten bis 10 cm² Größe können in jeder Auflagenhöhe wirtschaftlich produziert werden. Eine Kombination des Trocken-Prägedrucks mit anderen Druckverfahren ist hier nicht möglich.

Für Druckaufgaben der letztgenannten Art haben mehrere Werke ihre bewährten Druckmaschinen mit zusätzlichen Trocken-Prägedruck-Aggregaten ausgerüstet: zum Beispiel die Firma C. A. Nielsen & Petersen in Kopenhagen ihre Simplex Halbrotation; sodann die Firma Ferdinand Rüesch, St. Gallen, die Halbrotation Gallus Q 33.

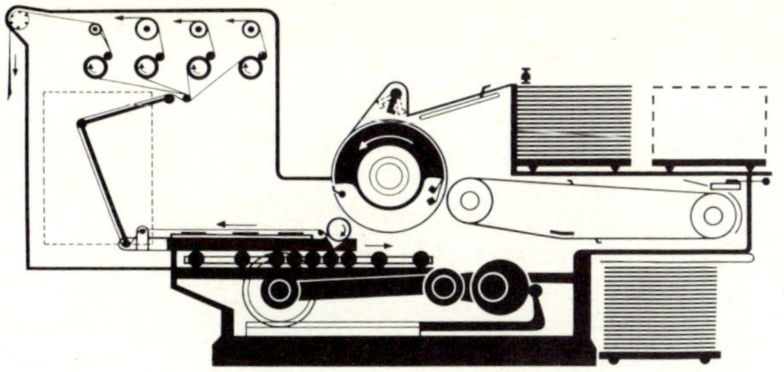

ABBILDUNG 15
Heidelberger Folien-Präge-Automat
64 × 90 cm, Modell SP.

Die amerikanische Firma Superior Graphic, Bellmore N.Y., ließ eine spezielle Siegelmarkenmaschine mit Trocken-Prägedruck-Aggregat bauen, welche in Deutschland unter der Bezeichnung »Superior« verkauft wird.

Andere Firmen wieder bieten noch stärker spezialisierte Trocken-Prägedruckmaschinen als Kieß & Gerlach an, zum Beispiel Baier in Esslingen, die Prägetechnik GmbH und sogar Siemens. Dies zeigt erneut die im ersten Kapitel besprochenen Folgen des Fehlens einer einheitlichen wissenschaftlichen Technologie des Prägedrucks insgesamt.

Eine weitere Kompromißlösung auf dem Sektor Trocken-Prägedruckmaschinenbau stellt die Autoplatine SP 1420/EGC dar. Es handelt sich dabei um eine großformatige Flachformmaschine der Schweizer Firma J. Bobst & Sohn AG, Lausanne – bekannt als solide Präge- und Stanzmaschine –, die durch Einbau von Heiz- und Folienführungsaggregaten für Trocken-Prägedruck hergerichtet wurde (Abbildungen 13 und 14). Sie ist der Gigant unter den Trocken-Prägedruckmaschinen sowohl in bezug auf das Druckformat von 102 × 142 cm und die Druckkraft von 600 t als auch hinsichtlich des Preises. Ihr Bereich sind große Formate und Massenauflagen. Der Anpreßdruck entspricht dem Format.

Die Bezeichnung ›Kompromißlösung‹ wurde für die SP 1420/EGC gewählt, weil eine Prägedruckmaschine nach dem Tiegelsystem (flache Platte und flache Matrize) für größere Formate immer nur durch Gigantismus in Materialaufwand und Preis erreicht werden kann. Ideal wäre das Rotationsprinzip; tragbar ist allenfalls das Zylinder/Flachformsystem mit flacher Platte und zylindrischer Gegendruckform. Hierbei muß der Anpreßdruck nur auf der schmalen Berührungslinie von Platte und Zylinder aufgebracht werden.

Derartige Überlegungen und die allgemeinen Erfahrungen im Trocken-Prägedruck (mit dem GTP) mögen die Heidelberger Druckmaschinen AG zur Umwandlung der Buchdruck-Zylindermaschine 64 × 90 cm in eine Trocken-Prägedruck-Maschine veranlaßt haben (Abbildungen 15, 16, 17): Vier unabhängig voneinander arbeitende

ABBILDUNG 16

In der »Taille« der Maschine (links) sieht man die Folienbänder von rechts kommend über die Platte laufen, sodann nach links oben ziehen und darüber noch einmal zur Vorzug-Automatik laufen.

Vorzüge lassen die Verarbeitung beliebig vieler Farbfolienbahnen zu. Ein perfekt erdachtes System der Programmierung stufenlos einstellbarer Vorzugrhythmen ermöglicht eine beinahe hundertprozentige Ausnutzung der Farbfolie. Dieses – erhebliche Kosten sparende – Aggregat ist Bestandteil einer auch in allen übrigen Teilen soliden und bewährten allgemeinen Druckmaschinenbautechnik. Der Preis der Maschine und ihre Vielseitigkeit machen sie zur Universalmaschine für größere Formate und Auflagen im Bereich des Bogendrucks.

Eine ähnliche Entwicklung scheint sich bezüglich der »Vitessa« der Firma Kieß & Gerlach, Stuttgart, auf dem Gebiet des Rollendrucks anzubahnen. Sie ist als ausgesprochen schnellaufende (8000 Druck/h) Dreifarb-Etikettendruckmaschine konstruiert; als Sonderausstattung wird unter anderem eine »heizbare Stanzfläche« mit zwei getrennt regulierbaren Heizplatten aufgeführt. Hier bietet sich die Möglichkeit an, zwei Farben Buchdruck und zwei Farben Trocken-Prägedruck nacheinander laufen zu lassen. Die großen Erfahrungen des Herstellers in beiden Verfahren geben die Gewähr für die erforderliche technische Perfektion.

ABBILDUNG 17
Blick unter der Vorzug-Automatik hindurch (ohne Folienbänder) auf die Lochplatte mit Prägeplatten.

In der Zusammenfassung ergibt sich rein schematisch zur Zeit folgendes Bild:

Vielseitige Anwendbarkeit des Trocken-Prägedrucks in Bogen:
Heidelberger GTP 34 × 46 cm, ergänzt durch den Tiegel 26 × 38 cm mit Trocken-Prägedruck-Sondereinrichtung, dazu für größere Formate und Auflagen die Schnellpresse SP, Format 64 × 90 cm.

Vielseitige Anwendbarkeit des Trocken-Prägedrucks in Rollen:
Kieß & Gerlach HP 70, vielleicht bald wesentlich verbessert durch die »Vitessa«.

Spezialmaschinen für Rollenetiketten:
Zahlreiche Modelle von Baier/Esslingen, Prägetechnik GmbH Rüesch/St. Gallen, Nielsen & Petersen/Kopenhagen und Superior.

Spezialmaschine für Bogendruck:
Bobst & Sohn AG, Lausanne.

Es steht technisch nichts dagegen, jeden Briefbogen, jeden Katalog und Prospekt, Anzeigen in Fachzeitschriften und jedes Verpackungsmittel durch den Einsatz von Trocken-Prägedruck attraktiver und mit höherem Aufmerksamkeitswert auszustatten. In der Praxis entscheiden viele Faktoren, zum Beispiel Ansprechgruppe, absolute Kosten, Kostenrelationen verschiedener Art, Termine, Pläne und Sachverstand.

Die Entscheidung, ob ein Verpackungs- oder Werbemittel in Buch- oder Offsetdruck hergestellt werden soll, braucht in vielen Fällen erst im Stadium der Auftragsvergabe getroffen zu werden. In bezug auf den Prägedruck im allgemeinen und den Trocken-Prägedruck im besonderen ist zu diesem Zeitpunkt allein die Fragestellung schon unverantwortlich, da bereits überholt: Der Einsatz von Trocken-Prägedruck kann nur »an der Wiege« einer Drucksachengestaltung erörtert werden – dort allerdings gibt es im Rahmen der Kostenvorplanung weit mehr Spielraum, als man leider heute noch weithin annimmt. Das Problem läßt sich lösen, indem man entweder einen unabhängigen Prägedruckberater oder einen Fachmann aus einer Prägedruckerei heranzieht – das aber rechtzeitig![24]

1. VERPACKUNGSDRUCK

Der Einsatz des Trocken-Prägedrucks im Verpackungsdruck begann im Jahre 1958[25] mit der Herausgabe einer achtteiligen Faltschachtelserie für die Kosmetik (Abbildung 18). Die Ausführung erfolgte in blauem Buchdruck mit Farblosprägung und goldenem Trocken-Prägedruck auf weißem Chromoluxkarton. Inzwischen gibt es fast kein namhaftes Kosmetikerzeugnis mehr ohne Trocken-Prägedruck auf irgendeinem Teil der Verpackung.

Die Textilindustrie, Zigarrenhersteller, Spirituosenhersteller (vom Wein bis zum Whisky), Briefpapierfabriken und -verarbeiter und andere folgten, zuletzt die Zigarettenindustrie mit ihren alle anderen weit übertreffenden Auflagen.

Die Produkte sind: Etiketten vieler Arten, Größen und Rückseitenbeschichtungen, Faltschachteln aller Art, Teile von Festkartonagen.

24. Ein Paradebeispiel ist die erste Zigarettenpackung mit Trocken-Prägedruck ›Erste Sorte‹. Näheres über die hier praktizierte optimale Ausnutzung des Effektes bei günstigstmöglicher Kostensituation siehe unter Anhang/Literatur: Heid. Nachrichten, 2/29.
25. Herrenkosmetik-Serie ›Blue-Boy‹. Art direction: Claus W. Gerhardt. Design: Günter Magnus. Auftraggeber: H.-J. Bringezu für Firma Omeisan, Bremen.

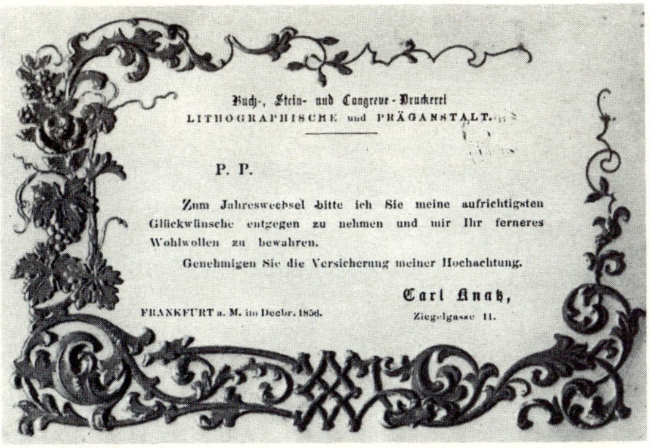
Buch-, Stein- und Congreve-Druckerei
LITHOGRAPHISCHE und PRÄGANSTALT.

P. P.

Zum Jahreswechsel bitte ich Sie meine aufrichtigsten Glückwünsche entgegen zu nehmen und mir Ihr ferneres Wohlwollen zu bewahren.

Genehmigen Sie die Versicherung meiner Hochachtung.

Carl Knatz,
Ziegelgasse 11.

FRANKFURT a. M. im Decbr. 1856.

ABBILDUNG 18

Faltschachtel Blue Boy. Blauer Buchdruck mit Relief-Prägung des Motivs, Textbalken in negativem Trocken-Prägedruck in Gold (verkleinert). Aus: Sammlung Dr. Gerhardt.

ABBILDUNG 19

Glückwunschkarte der Druckerei Carl Knatz, Frankfurt am Main 1856, Originalgröße 115 × 80 mm, Aus: Gutenberg-Museum, Mainz, Prägedruck-Sammlung

ABBILDUNG 20

Werbeetikett zum hundertjährigen Jubiläum. Ausführung auf Chromoluxpapier: Rand blauer Trockendruck; Text goldener Trockendruck; Jahreszahl in neg. Trocken-Prägedruck, nachträglich noch einmal separat insgesamt geprägt. Herstellung in einem Durchlauf auf HP 70. Abdruck 1 : 1. Aus: Archiv GWH Offizin, Darmstadt.

ABBILDUNG 21
Glückwunschkartenmotiv. Ausführung in Lila Buchdruck, Orange Flächen-Prägedruck, Grün Linien-Prägedruck, Gold Trocken-Prägedruck (verkleinert). Aus: Claus W. Gerhardt und Hans Widmann: Geprägte Form/Embossed Forms, Darmstadt 1972.

2. WERBEDRUCK

In diesen Bereich fielen seit Beginn des industriellen Trocken-Prägedrucks private und kommerzielle Briefschaften – ganz genau, wie sie bereits zu Anfang des 19. Jahrhunderts in der Ausführung mit »Goldpressung« nachweisbar sind[26] (Abbildung 19). Ein großes Anwendungsgebiet erschloß sich im »direct mailing«, dem modernen Werbebrief. Unzureichende oder gar keine Information über den Prägedruck in den großen Werbeagenturen bewirkten, daß Großauflagen von Prospekten und Werbebeilagen für Zeitschriften erst in den späten sechziger Jahren (und heute noch zögernd) durch Trocken-Prägedruckelemente belebt, bereichert und vervollkommnet werden.

Für Werbeetiketten, die in Trocken-Prägedruck (Abbildung 20) hergestellt oder mit anderen Verfahren kombiniert werden, gibt es zahlreiche Beispiele aus vielen Branchen. Das Zeitschrifteninserat mit Trocken-Prägedruck hingegen ist relativ jung: die ›Heidelberger Nachrichten‹ proklamierten in Heft 2/29 von 1971 das »ihres Wissens erste«[27]- indessen hatte aber ›Der Druckspiegel‹ als Eigenwerbung bereits 1968 seine Titelseite mit »einer fein detaillierten Folienprägung« versehen[28].

26. Z. B. die Sammlung Hofrat Pachinger im Kupferstichkabinett des Germ. Nationalmuseums, Nürnberg.
27. Gemeint ist: *Deutsche Papierwirtschaft* Heusenstamm 1970, Heft 15, 1. Umschlagseite.
28. Der Druckspiegel. 23. Stuttgart 1968, Heft 12, 1. Umschlagseite. Die Tat als solche war lobenswert.

ABBILDUNG 22

Gedenkbriefmarke für Königin Salote von den Tonga-Inseln, hergestellt in Türkis Flächen-Prägedruck auf Glanzgoldfolie; nachträglich überdruckt in Schwarz und Silber Trocken-Prägedruck. Leicht verkleinert.

3. GLÜCKWUNSCHKARTEN

Die Glückwunschkarten-Industrie nahm anfangs dieses Jahrhunderts als erste den von Friedrich Heim in Offenbach werbewirksam als »Stahlstichprägedruck« bezeichneten Linien-Prägedruck in großem Umfang auf. Sie war auch die beste Kundin der ersten Trocken-Prägedruckmaschinen nach 1959. Ihr verdanken die Maschinenfabriken die eingehenden Erfahrungsberichte aus jenen Jahren. Glückwunschkarten sind noch heute ein weites Feld für den Trocken-Prägedruck (Abbildung 21).

4. SONDERDRUCKSACHEN

Unter diesem Titel möchte ich nicht den vielseitigen Kleinbedarf, die Ausnahmen, nennen, sondern drei große Bereiche anführen, in welche der Trocken-Prägedruck zwar langsam, aber stetig vordringt: die Urkunde, die Briefmarke und die Buchreproduktion.

Es ist wohl allgemein wenig bekannt, welche Rolle die Urkunde in unserer Industrie spielt. Jedes Jahrzehnt – oft Jahrfünft – der Betriebszugehörigkeit eines Mitarbeiters wird nicht nur durch einen Geldbetrag, sondern auch mit einer Urkunde gefeiert. Eine noble Ausstattung versteht sich dann von selbst. Aber auch alle traditionellen Urkundenverbraucher – Behörden, Ausstellungsgesellschaften und vor allem Vereine – schätzen die Möglichkeit, goldene, silberne und bronzene Medaillen und Siegel echt wirkend (und manchmal tatsächlich echt) drucken und prägen lassen zu können.

Bei den Briefmarken machten zum Wohle der Philatelisten und der eigenen Finanzen 1963 die ehemals englischen Südseeinseln – genannt Freundschaftsinseln – den Anfang. Zu Ehren des Geburtstags ihrer Königin Salote ließen sie in England

ABBILDUNG 23
Ein Blatt aus einem Handschriftenfaksimile nach zwei von sieben Druckgängen: goldener Trockendruck und grauer Buchdruck (verkleinert).

Briefmarken in Flächen-Prägedruck herstellen[29], die nach dem 1965 erfolgten Tod der Königin in Trocken-Prägedruck überdruckt wurden (Abbildung 22).

1966 ließ die englische Post zur Erinnerung an die Schlacht bei Hastings 26 Millionen Briefmarken mit dem Profil der Königin in goldenem Trockendruck

29. Sie nahmen damit bewußt oder unbewußt ein Herstellverfahren aus der Frühzeit der Briefmarke wieder auf: Bereits bei dem großen Preisausschreiben für die erste Briefmarke der Welt waren Stahlstichdruck und Flächen-Prägedruck die beiden großen Rivalen um den 1. Preis. Zwar siegte der Stahlstich 1840, aber bereits die zweite englische Marke (1 Shilling Achteck) im Großformat von 1847 und viele weitere Werte in Portugal, Österreich, Rußland, Bayern und anderen Ländern wurden dann in Flächen-Prägedruck gedruckt. (Näheres für Philatelisten bei C. W. GERHARDT a.a.O., [Anm. 1], S. 75 bis 79. – Weiterer Nachweis: C. W. GERHARDT: *Prägedruck und Siebdruck. Geschichte der Druckverfahren T. I.* Stuttgart 1974 (Bibliothek des Buchwesens, hrsg. von H. WIDMANN. 2), S. 59–62.

versehen; 1967 gab sie 190 Millionen Weihnachtssondermarken mit Trocken-Prägedruck des Königinporträts heraus[30].

In den letzten zehn Jahren haben große Verlage wieder begonnen, wertvolle und seltene, für Wissenschaft und Bibliophilie interessante Handschriften und Frühdrucke in Faksimile-Ausgaben kleiner Auflage herstellen zu lassen. Das mittelalterliche Blattgold – bei den großen Faksimile-Ausgaben der zwanziger Jahre in Lichtdruck mit Bronzierung imitiert – wird nun in echt goldenem Trockendruck sehr viel originalgetreuer wiedergegeben. Daß man gleichzeitig Versuche mit Offset statt Buchdruck für die Farben macht, sei nur am Rande erwähnt, weil es die fortschreitende Perfektion des immer wasserärmer werdenden Offsets andeutet (Abbildung 23). Mindestens drei Werke sind nach meiner Kenntnis zur Zeit (1973) in Arbeit, davon zwei in Buchdruck und eines in Offset – alle drei jedoch mit Echtgoldfolien in Trockendruck.

5. KENNZEICHNUNGSDRUCK

Die Druckindustrie produziert ausschließlich Drucksachen, welche man als autonome Druckerzeugnisse bezeichnen muß, wenn man sich vergegenwärtigt, daß auch für andere Zwecke, zum Beispiel zur Übermittlung von Informationen, gedruckt wird. Man denke dabei vor allem an die Druckwerke der Bürorechenmaschinen und an die Druckwerke der EDV-Anlagen. Außer diesen beiden Möglichkeiten gibt es noch eine dritte: den Kennzeichnungsdruck. Es handelt sich dabei um den Druck bestimmter offener oder codierter, durch Zeichen oder Ziffern dargestellter Signale im Rahmen eines Fertigungs-, Ordnungs- oder Verkaufsablaufes.

Das bekannteste Beispiel bilden die kleinen Selbstklebe-Etiketten auf Schuhen, bedruckt mit der gleichen Ziffernfolge, aufgeklebt auf jedes Paar Schuhe: sie kennzeichnen unter vielen gleichen Schuhen gleicher Größe das zusammengehörige Paar. Der Trocken-Prägedruck (in seiner Druck-Variante) hat – von der Druckindustrie noch heute vielfach unbemerkt – schon seit Mitte der sechziger Jahre in diesem Bereich Einzug gehalten. Zwei Eigenarten machen ihn für den Kennzeichnungsdruck besonders geeignet: die trockene Farbe und die Tatsache, daß der Druckvorgang ein »Übertragen einer körperlichen Schicht« ist.

Trocken-Prägedruckfolien können außer mit Gold, Silber oder Farben genauso mit fluoreszierenden, phosphoreszierenden oder magnetischen Substanzen beschichtet werden, die dann in automatischen Anlagen optisch, elektronisch oder mechanisch wahrnehmbar sind. Die auf solche Art gedruckten Signale lösen Impulse aus, welche die folgende Stufe des Arbeitsprozesses einleiten.

30. Vgl. Anhang/Literatur: GÜNTHER KAHLMANN: *Heißprägen mit Rollenfolien usw.*

Ein typisches Beispiel sind die vollautomatischen Briefsortieranlagen der Deutschen Bundespost[31]. Mit drei verschiedenen Folien (siehe oben) werden drei verschiedene Kennungen, für das Auge fast unsichtbar, auf die Briefumschläge gedruckt, wodurch das automatische Sortieren nach Postleitzahl, Postbezirk und Straße möglich wird. Die Druckapparate wurden in diesem Fall von der Firma Siemens entwikkelt.

Zusammenfassung

Es sind in erster Linie die besonderen Eigenschaften der Farbe, welche den Trocken-Prägedruck von allen anderen Druckverfahren wesentlich unterscheiden.

Die Farbe ist in jedem Stadium ihrer Verarbeitung trocken, abriebfest und bei vielen Farbtönen gleichzeitig auch alkoholbeständig. Für kein anderes Druckverfahren gibt es echtes oder echt wirkendes Gold oder Silber. Kein anderes Druckverfahren bietet die Möglichkeit, hochglänzend zu drucken. Kein anderes Verfahren verfügt über die Möglichkeit, trockene Substanzen zu verdrucken.

Die nächste Besonderheit liegt in der Notwendigkeit, beim Druck gleichzeitig Hitze anzuwenden. Diese Eigenart erachte ich als wertfrei, denn sie kann sich sowohl positiv als auch negativ auswirken: positiv zum Beispiel, weil sich viele Bedruckstoffe unter Wärmeeinwirkung besser verformen (prägen) lassen als im kalten Zustand; negativ zum Beispiel, weil zum Plattenwechsel die Abkühlzeit hinzugerechnet werden muß.

Die Möglichkeit, eine helle Farbe deckend über eine dunkle zu drucken, teilt der Trocken-Prägedruck mit dem Siebdruck. Hier ist der Siebdruck allerdings überlegen, denn er besitzt alternativ die Möglichkeit des Rasterdruckes, welcher dem Trocken-Prägedruck fehlt.

Aufgrund aller bisher genannten Eigenschaften ist der Trocken-Prägedruck hervorragend zur Kombination mit den anderen Druckverfahren geeignet; man kann sogar sagen, daß die Kombination sein wesentliches Einsatzgebiet darstellt. Reine Trocken-Prägedrucke kommen eigentlich hauptsächlich auf dem Etikettensektor vor.

Die besonderen Farbeigenschaften und die vier möglichen technischen Varianten des Verfahrens (Drucken, negativer Prägedruck, positiver Prägedruck, Pressen) einerseits sowie die Häufigkeit von Kombinationen mit Buch- und Offsetdruck andererseits machen eine ganz besonders enge, im frühestmöglichen Entwicklungsstadium beginnende Zusammenarbeit zwischen Gestalter, Plattenhersteller und Drucker erforderlich.

31. Ausführlich beschrieben und mit Literaturangaben versehen bei C. W. Gerhardt a.a.O., (Anm. 1), S. 242–244.

Schließlich sei auch noch einmal auf die Forderung nach einer einheitlichen wissenschaftlichen Technologie und einem selbständigen Wirtschaftsverband für alle Bereiche des Prägedrucks (Flächen-Prägedruck, Linien-Prägedruck, Trocken-Prägedruck) hingewiesen. Denn nur über einen derartigen inneren und äußeren Zusammenschluß wird es möglich sein, wie für alle anderen, so auch für dieses Druckverfahren wirtschaftliche und technologische Forschung zu betreiben, um den immer deutlicher sichtbar werdenden technischen Rückstand aufzuholen.

LITERATUR

Die bisherige Literatur zum Trocken-Prägedruck besteht überwiegend aus (meist sehr gutem) Informationsmaterial der Maschinenfabriken und Farbenhersteller. Derartige Informationen werden direkt herausgegeben oder durch Berichte in Fachzeitschriften veröffentlicht.

FARBEN:

Die bereits im Text (Anmerkungen 15 und 16) erwähnten Kataloge der Firmen Leonhard Kurz, 8510 Fürth (Bayern) und Ernst Oeser & Söhne KG, 7320 Göppingen (Württemberg).

HEIDELBERGER TIEGEL GTP:

Heidelberger Nachrichten, Heidelberg 1971, Heft 1/29, S. 21–23: einfache Erläuterung des »Heißprägens« auf GTP.

Heidelberger Nachrichten, Heidelberg 1971, Heft 2/29, S. 12 f.: *Ein Bericht über die Herstellung von Zigarettenpackungen auf GTP.*

ERICH ALBRECHT: *Heißprägedrucke mit Rollenfolien – Umsatzsteigerung durch geringe Investitionen.* In: Druck/Print, Heusenstamm 1970, Sonderdruck aus Heft 11 (Umf. 4 S.), Nachdruck in: Deutsche Papierwirtschaft, Heusenstamm 1970, Heft 15, S. 56–60: Allgemeiner Überblick, fachmännischer und ausführlicher als in den Heidelberger Nachrichten, jedoch auch mit Fehlern und nur auf GTP bezogen.

GÜNTHER KAHLMANN: *Heißprägen mit Rollenfolien auf Heidelberger Tiegelautomaten.* In: Der Druckspiegel, 23. Stuttgart 1968, Heft 12, S. 746–752: der qualifizierteste Beitrag zu diesem Thema unter den genannten. Hier auch Informationen über den kleinen Tiegel 26 × 38 cm mit Sondereinrichtung für Trocken-Prägedruck.

HEIDELBERGER ZYLINDER:

Pressenotiz der Heidelberger Druckmaschinen AG mit Sperrfrist 10. 6. 1971: Erste offizielle Ankündigung der neuen Maschine.

(Ohne Autor:) *Packstoffveredelung durch Heißprägen.* In: Neue Verpackung, 24. Berlin 1971, Nr. 7, S. 964 und 969: Erste nähere Information über diese Maschine, mit zwei Abbildungen.

(Ohne Autor:) *Hochglänzende Farbeffekte heben die Faltschachtel.* In: Verpackungs-Rundschau, 22. Heusenstamm 1971, Nr. 6, S. 788–794: Erster Erfahrungsbericht über die Maschine. Ausführlicher Bericht über den Trocken-Prägedruck in der Faltschachtelproduktion der Firma Landerer, mit fünf farbigen Abbildungen.

Informationen über Folienheißprägung und Reliefprägung. Hrsg. von HEINZ DEUSCHLE, Göppingen-Ursenwang 1972.

Prägefoliendruck. Werbeeffekte und Design-Aspekte. Ein Handbuch. Hrsg. vom Arbeitskreis Prägefoliendruck. München 1974.

Von allen anderen Farben- und Maschinenfabriken ist mir aus den letzten zwei Jahren lediglich die Veröffentlichung eigener Werbe- und Informationsschriften bekannt.

Bibliographie Claus W. Gerhardt zum Thema ›Prägedruck allgemein‹ und »Trocken-Prägedruck speziell«:

BÜCHER

Handbuch für die Verwendung von Prägeetiketten, Heusenstamm 1966, 56 S. (mit 25 Original-Prägedrucken).

Die Anfänge des Prägedrucks, ein Beitrag zur Geschichte der Druckmaschinen und Druckverfahren (Mainzer Diss.), Darmstadt 1969, 248 S.

(Zusammen mit HANS WIDMANN:) *Geprägte Form/Embossed Forms.* Zweisprachig deutsch und englisch. Mit 54 Originalen. 99 Bl. Darmstadt 1972.

Prägedruck und Siebdruck. Geschichte der Druckverfahren, Teil I. (Bibliothek des Buchwesens, hrsg. von HANS WIDMANN, Bd. 2), Stuttgart 1974.

AUFSÄTZE

Was ist Prägedruck? (Eine systematische Betrachtung.) In: Der Polygraph, 19. Frankfurt am Main 1966, Heft 1, S. 16 und 18 und Heft 2, S. 71 f.

Die Verwendung des Prägedrucks in der heutigen Praxis von Verpackung und Werbung. In: Polygraph Jahrbuch 1969, 7. Folge, Frankfurt am Main 1968, S. 286–292.

Prägedruck heute und morgen. In: Druckwelt, 19, Hannover 1969, Heft 33, S. 1768–1771. – Nachdrucke: Graph. Revue Österreichs, Wien 1970, Nr. 3/4, S. 35 f. – Der Anführgspan, Nr. 38, Wien 1970, S. 10–12.

Der Trocken-Prägedruck. In: Polygraph Jahrbuch 1970/71, 8. Folge, Frankfurt am Main 1971, S. 258–265. – Nachdrucke: Typographische Monatsblätter, Nr. 3, St. Gallen 1971.

Dreihundert Jahre Prägedruck. In: Gutenberg-Jahrbuch, Mainz 1974, S. 214–227.

Vom Drucken und Prägedrucken mit Folien. Weiteres zur Terminologie. In: Der Polygraph 29 (1976) S. 477 f.

ANMERKUNG

Dieser Beitrag wurde als redaktioneller Sonderteil 1973 vom Polygraph Verlag, Frankfurt am Main, hergestellt und sowohl als selbständige Broschüre vertrieben wie auch den Zeitschriften *Der Polygraph* 26 (1973) und *EPI Export Polygraph International* (1973) beigeheftet. – Gesamtauflage: in deutscher Sprache 24 000, in englischer Sprache 19 000 Exemplare.

REGISTER

Zwei Trocken-Prägedrucke zu dem Beitrag
Technologie und Praxis . . . in diesem Band.
Oben: zu Abb. 7 B. Unten: zu Abb. 7 C.

CLAUS W. GERHARDT UND HANS WIDMANN:

GEPRÄGTE FORM
EMBOSSED FORMS

Prägen als Technik und literarischer Begriff.

Mit 50 Originalprägungen und 4 handsignierten Graphiken. (Production methods and literary quotations. With 50 original embossings and 4 embossed prints signed by the artists.)

Darmstadt 1972.

Verlag der Graphischen Werkstätten, 61 Darmstadt, Riedstraße 8.

Zweisprachige Ausgabe in Deutsch und Englisch (übersetzt von R. v. Leers u. Otto M. Lilien).

Numerierte Auflage: 700 Exemplare.

95 S. Format 25 x 22,5 cm. Handeinband Halbpergament im Schuber.

Die Herstellung der 54 Prägedrucke besorgte die GWH Offizin, 61 Darmstadt, Groß-Gerauer Weg 52–54.

Originalprägung aus dem Werk, S. 46: Hannes Gaab 1970, siehe rechte Seite.

Aus Rezensionen

Fünfzig Original-Prägedrucke in den verschiedenen Verfahren ..., ihre Kombination untereinander und mit Buchdruck ... bilden den kostbarsten Inhalt dieses Bandes. Sie zeigen auf den unterschiedlichsten Papieren, Kartons und Folien Beispiele aus vielen Anwendungsgebieten: Signete, Briefköpfe, Siegelmarken, Exlibris, Werbedrucksachen. Technisch sind alle Drucke brillant.
(Robert d'Hooghe im Darmstädter Echo vom 1. März 1973.)

Der Textteil bietet eine Abhandlung von Prof. Dr. H. Widmann »Über Prägen und Drucken. Ein wortgeschichtlicher Streifzug« mit erstaunlichen und interessanten Einblicken in die Sprachgeschichte ... Die Folge der Prägedrucke wird aufgelockert durch »Beispiele aus der Literatur« (ausgewählt von H. Widmann). Alle diese Beispiele von Schiller, Jean Paul, Platon und anderen haben in irgendeiner Weise mit »Prägen« zu tun. ... Ein Buch zum Lesen, zum Ansehen und zum Fühlen ... Ein Fachbuch für Graphiker, Hersteller und Drucker.
(Gerd Schulz im Börsenblatt für den Deutschen Buchhandel Nr. 17 vom 2. 3. 1973, S. 302.)

In einem weiteren Textabschnitt »Über Prägen auf Papier« erläutert Dr. Claus W. Gerhardt die technischen Einzelheiten der verschiedenen Prägedruckverfahren und beschreibt die sich anschließenden Originale (Muster und Druckbeispiele) ... Nicht weniger ausführlich ist der Schlußteil des Buches mit einem Verzeichnis der Prägeblätter, das Angaben über Entwerfer, Graveur, Bedruckstoff und Druckverfahren bringt.
(Heinz Patzer in: Der Druckspiegel 28, Stuttgart 1973 Nr. 2, S. 14 f.)

Außer dem Kunstfreund bietet das Werk auch dem Wissenschaftler genügend Material, denn es wurden die notwendigen Nachweise und ausreichende Literaturangaben beigefügt.
(Graphik 26, München 1973 Nr. 7.)

Druck, Prägung und Papier dieser vierseitigen Beilage stellte die Firma GWH Offizin, 61 Darmstadt, Groß-Gerauer Weg 52–54, kostenlos zur Verfügung.
Diese Offizin für Prägedruck liefert Prägungen und Etiketten aller Art für Verpackung und Werbung an eine internationale Kundschaft seit 1893.